中国期货业协会期货投资者教育专项基金资助

"讲故事　学期货"金融国民教育丛书

U0836702

走进期货

"讲故事　学期货"金融国民教育丛书编写组◎编

中国财经出版传媒集团
中国财政经济出版社

图书在版编目（CIP）数据

走进期货／“讲故事　学期货”金融国民教育丛书编写组编. --北京：中国财政经济出版社，2019.12（2024.1重印）
（“讲故事　学期货”金融国民教育丛书）
中国期货业协会期货投资者教育专项基金资助
ISBN 978－7－5095－7095－1

Ⅰ.①走…　Ⅱ.①讲…　Ⅲ.①期货交易－通俗读物　Ⅳ.①F830.93－49

中国版本图书馆 CIP 数据核字（2016）第 280061 号

责任编辑：贾延平　　　　责任校对：张　凡
封面设计：田　晗　　　　版式设计：董生平

中国财政经济出版社出版
URL：http：//www.cfeph.cn
E－mail：cfeph @ cfeph.cn

社址：北京市海淀区阜成路甲 28 号　邮政编码：100142
营销中心电话：010－88191537
北京时捷印刷有限公司印刷　各地新华书店经销
889×1194 毫米　24 开　4.75 印张　97 000 字
2019 年 12 月第 1 版　2024 年 1 月北京第 3 次印刷
定价：25.00 元
ISBN 978－7－5095－7095－1
（图书出现印装问题，本社负责调换）
本社质量投诉电话：010－88190744
打击盗版举报热线：010－88191661　QQ：2242791300

前　言

近年来，我国期货市场运行质量不断提高，价格发现和风险管理的基础功能得到发挥，在优化资源配置、促进产业升级、提升经济运行效率、维护国家经济金融安全等方面发挥着越来越重要的作用。在新品种不断推出、新业务持续发展、国际化进程稳步推进的大背景下，不仅机构客户、产业链企业、高净值人群由于规避价格波动风险的迫切需要，将期货这一对冲工具放入资产配置的篮子之中，以期平衡资产收支、实现财富管理目标，一些中小投资者也被价格波动带来的投资机会吸引，成为市场的参与者和流动性的贡献者。

我国投资者群体普遍缺乏系统的金融知识教育，风险识别能力和风险承受能力不高，容易产生投资过程中的非理性行为，不仅造成自身的财务风险，也给市场稳定和金融安全造成隐患。从世界范围来看，随着各国金融消费规模的不断增加和金融创新的快速发展，金融商品或服务日益复杂化，金融知识教育作为对消费者的一种预防性保护，得到了越来越多国家的重视和强化。期货及期权合约的杠杆性、复杂性和投机性，决定了其“高风险、高收益”的特点，将期货知识纳入金融国民教育体系，是一项具有行业前瞻性的工作。

根据国务院办公厅《关于进一步加强资本市场中小投资者合法权益保护工作意见》（国办发〔2013〕110 号）的有关要求，在中国证监会、教育部联合印发的《关于加强证券期货知识普及教育的合作备忘录》的指导下，期货行业在落实“加大普及证券期货知识力度”“将投资者教育逐步纳入国民教育体系”方面开展了多种探索和实践。由中国期货业协会期货投资者教育专项基金资助编写的《“讲故事　学期货”金融国民教育丛书》就是将复杂的金融知识以尽可能通俗易懂的方式向公众传播的有益尝试。丛书作为系统介绍我国期货市场的基础性教育普及读物，以广大普通投资者为服务对象，满足对期货市场缺乏了解的个人或企业的需求。丛书在编写上突出“讲故事　学期货”的特色，在编写形式上多引用案例故事，形式活泼；在语言上通俗易懂，可读性强；在内容上以“风险教育”为主线，深入浅出，不仅对期货市场的起源发展、交易方法、交易品种等基本知识进行了讲解，而且对期货市场的组织架构、法律法规、风险监管等环节也进行了全方位解读；还考虑到期货行业未来的发展趋势，对期权、场外衍生品等投资者感兴趣的话题作了前瞻性介绍。

衷心希望本套丛书的出版能够为期货投资者了解期货市场、树立风险意识、理性参与期货交易提供有益的帮助。

“讲故事　学期货”金融国民教育丛书编写组

2019 年 12 月

目　录

在我国，有那么一个小众市场，尽管参与交易的人数可能连证券市场的百分之一都不到，但对国民经济的影响，对形形色色的各类企业了解相关产品的市场价格以及化解价格波动带来的风险，对各级政府及行业组织制定适当的经济政策，都发挥了极其重要的作用。

经济学家们下结论说，“证券市场是市场经济的皇冠”，然而对这个市场的结论却是“市场经济皇冠上的明珠”，可见这个市场是多么的“高大上”！

猛一看，这个市场交易的各种货物，有大豆、铜、苹果以及国债、股票指数等，然而专家却告诉我们，这个市场交易的东西的确与“货”有关，但实际并不是“货”。

在这个市场中，交易者可以买空，也可以卖空；如果需要，买卖成交几秒后就可以反向交易，即所谓的“T+0”交易；在这个市场中，杠杆交易是其基本特征，无论买还是卖，都只需支付保证金，而保证金通常不到交易金额的10%，在这里没有“透支”一说，也不存在类似融资融券的利息成本。

在这些基本规则下，除了相关企业出于避险目的而参与交易外，不少投机者也被吸引来了。面对杠杆交易可能带来的“暴利”，投机者们憧憬着自己的未来。然而，几番折腾，大多数投机者可能会历经苦难，忍受煎熬。而一些成功者则在潜心研究、屡败屡战、百炼成钢中走上了康庄大道。因此，有人编了个顺口溜说：如果你爱一个人，叫他去那里投机，因为那里是天堂；如果你恨一个人，也叫他去那里投机，因为那里是地狱。

那这是什么市场呢？

这就是期货市场！

想了解和领略这个充满魅力的神秘市场吗？

请上车吧，老司机将带你穿过重重迷雾，还你一个清清楚楚、明明白白。

打破砂锅问到底——期货市场交易的究竟是什么

说起市场，大家都知道，那是交易者从事买卖活动的地方。有些市场，如粮油市场、煤炭市场、股票市场、外汇市场，一看名字就知道那里的人在做什么买卖。然而，期货市场又是做什么买卖的呢？你如果打开期货行情，或者有机会到期货公司去走一遭，就会发现，不少人在那里忙忙碌碌地交易。一会儿有人说卖出开仓 5 月大豆 10 手，一会儿又有人说买进平仓 6 月小麦 20 手。他们究竟在买卖什么东西？这对于一个想了解期货交易的人来说，那可是非搞清楚不可的。

有人说，他们在买卖大豆，在买卖小麦。这样说对吗？也对也不对。说对，那是因为他们的交易的确与大豆、小麦有关；说不对，那是因为他们的交易方式及交易对象与粮油批发市场上的大豆买卖和小麦买卖实际上都不一样。准确的回答应该是：他们买卖的是大豆标准合约和小麦标准合约。所谓期货合约，实际上就是指标准合约。那么，什么是标准（期货）合约？标准（期货）合约的买卖又是怎样进行的？要弄清楚这些问题，还得先从市场上各种不同的交易方式谈起。

1. 现货交易和现货合同交易

我们都有去商店购物的经历。在那里，交易方式是一手交钱一手交货。可以说，这种交易方式连小孩子都懂。这种交易方式就是现货现金交易。现货现金交易既是最古老的交易方式，也是现代社会中应用最广泛的交易方式。现货现金交易有一个优点，那就是买方“眼见为实”，买得放心；卖方当场收钱，卖得放心。然而，现货现金交易方式也有缺陷，那就是它对于每笔交易额较小的零售业比较适合，一旦涉及批量、规模较大的交易，一手交钱一手交货的现货现金交易就难以进行了。比如，一个油脂加工厂到农场买500吨大豆，要像零售交易那样一手交钱一手交货，显然是行不通的。

对于批量规模较大的交易，由于一笔交易从开始谈判到最终执行完毕通常需要一段较长的时间，交易双方通常都会在谈判之后签订一份合同。这在大宗生产资料交易中几乎是一种惯例了。这种交易方式一般称为现货合同交易。

案例

江苏省××油脂加工厂（甲方）与黑龙江省××农场（乙方）在2018年5月20日签订一份大豆购销合同，合同的主要内容为：甲方向乙方购买黄大豆1 000吨，质量不低于国标三等；价格为每吨3 500元，共计价款为350万元，该价款包括包装物及到达甲方所在地的火车运输费；交货期为2018年12月10日至15日，发货点为乙方车站，到达点为甲方车站；甲方在签订合同时付给乙方每吨500元，共计50万元作为定金，收到乙方铁路托运单后付清余款。如甲方中途违约，定金作为违约金，乙方不予返回；如乙方违约，除应该退还定金外，还应该支付违约金人民币50万元给甲方作为赔偿。

2. 现货合同交易的优点和缺点

现货合同交易的特点是：交货期通常在订立合同后的一段时间之后，因为这个特点，所以现货合同通常也被称为远期合同。

现货远期合同交易方式的优点是：买卖双方可以灵活地根据自身的需要签订合同，同时利用预签的合同安排生产。而且，由于价格提前敲定，等于锁定了买卖价格，即使今后市场价格出现不利于自己的波动也不用担心。

尽管现货合同交易有众多的好处，但在实际运作中，仍有许多不尽如人意的地方，也可以说是存在某些缺陷。

一是买卖双方都要千方百计地在市场上寻找适合自己的对手，进行艰苦的谈判，前前后后所花的成本并不小。

二是签订合同的交易者会面临许多不确定的风险。比如，合同的一方是骗子，那合同的另一方就倒霉了。在现实中，买方被骗去定金或卖方被骗去货物的事情并不少见。为了防止被骗，签订合同之前将对方的信用了解清楚是十分重要的。这不仅加大了交易成本，也阻碍了交易的顺畅进行。

三是当市场价格波动很大时，一方因利益关系而故意违约的情况也经常发生。比如，在上面的例子中，如果到了 12 月份，大豆市场价格上升到每吨 4 500 元，乙方可能会想，每吨 3 500 元太亏了，如果卖给其他人每吨 4 500 元，再付给甲方每吨 500 元违约金，也是合算的；相反，当大豆市场价格跌到每吨 2 500 元时，甲方也可能会出现违约的念头。

四是对手违约的风险不仅仅在于弃约，还体现在其他方面。比如：卖方交出的货物在质量上存在问题、在时间上脱期或数量上不足等；而买方则可能为了拖欠货款故意找原因。如果双方在签订合同时对一些具体问题没有约定或约定不明，那么一旦后来涉及，也容易引起纠纷。

五是合同转让十分困难。签订合同之后，如果一方因为情况发生变化，不想执行原合同，又不愿意违约，比较理想的办法就是将合同转让出去。然而，由于双方当初签订的合同是一对一的，是根据双方的具体情况而制定的，这些具体条款对其他人不一定合适。这样，合同转让的难度无疑就增加了。比如：甲方因为生产情况变化，不想要那 1 000 吨大豆了，有几家加工厂与甲方谈判转让事宜。看了合同后，一个说可惜运达地点不适合我们；一个说我们需要国标二等以上的大豆；还有一个说，交货地点和大豆质量条件都合适，可惜我们只需要 500 吨，且时间最好是 11 月初。对于这些具体情况，转让合同谈何容易？

3. 天生丽质的期货交易所

现货合同交易中存在一系列缺陷，对签订合同的交易者来说，其核心缺陷实际上是两条：第一是信用风险，即担心对方不履行合同；第二是退出风险，即转让不方便。如果能创造一种能够克服这两条缺陷的交易方式，交易者的信心必将大大提高，交易量也会随之上升。而这种交易方式的确也伴随着期货交易所的诞生而产生了。期货交易所依靠两大秘密武器成功克服了现货合同交易中的两大缺陷。那两大秘密武器就是：标准合约以及交易所担保履约。

4. 标准合约

我们知道，一份购销合同（合约）涉及多个要件，最主要的要件有：（1）商品名称及质量等级；（2）商品计量单位及数量；（3）交货日期；（4）交货地点；（5）价格。

买卖双方一对一订立合同（合约）时，上述要件都可以谈判。显然，这种因人而异的合约是非标准的。

所谓标准合约，是指交易者在交易所进行买卖时，合约的上述要件中，除第五条价格外，都由交易所预先统一规定。比如，在上海期货交易所买卖铜期货合约，交易所规定：每一个合约的数量是 5 吨。质量为标准阴极铜［符合国标 GB/T467－2010 中 1 号标准铜（Cu－CATH－2）规定，其中主成分铜加银含量不小于 99.95%］，替代品可以是：阴极铜，符合国标 GB/T467－2010 中 A 级铜（Cu－CATH－1）规定，或符合 BS EN1978：1998 中 A 级铜（Cu－CATH－1）规定。交割地点为交易所指定的交割仓库。交割日期为合约月份最后交易日（通常是 15 日，遇国家法定节假日顺延，春节月份等最后交易日交易所可另行调整并通知）之后的连续 5 个工作日。这样一来，买卖双方在交易之前就已明确知道自己应该承担的责任和义务。例如，某交易者在 3 月 5 日卖出 10 张 6 月份的合约，这意味着他应该在 6 月 15 日之后的 5 个工作日内将 50 吨符合质量要求的铜的标准仓单提交给交易所，由交易所负责交给买方，同时由交易所负责将全部货款付给他。

5. 交易所担保履约以及靠什么来担保

在现货合同交易中，担心对方违约给自己造成损失始终是交易者的心病。可是，在期货交易中，交易双方都不用担心对方会不会违约，这是因为交易所不仅仅是标准合约的制定者，也是买卖双方履行合约的担保者。这意味着即使对方存在违约行为，交易所也会代替违约的对方承担履约责任。这样一来，现货合同交易中买卖双方必经的程序，即了解对方的信用等尽职调查活动都可以免了。在期货交易中，你甚至不用知道对方究竟是谁。交易所作为中央交易对手方的存在避免了对方违约给自己造成损失，这显然会大大提高了交易者的交易信心，促进交易量的增长。

交易所靠什么来担保？靠什么措施避免交易者可能存在的违约风险？当然有一整套的风险控制体系和手段。而其中最基本的措施就是对买卖双方都收取一定量的担保资金，通常这笔资金被称为保证金（也称为“按金”）。保证金对买卖双方都收取，这与现货交易中的习惯大不相同。在现货交易中，通常是买方向卖方预交定金，卖方是不用交定金的，而在期货交易中，卖方也需缴纳保证金。另一个特点是保证金不是交给对方，而是双方都将保证金交给交易所。

那么交易所收取多少保证金呢？这就要看交易所的具体规定了。有些交易所规定，按照合约价值的百分比收取。比如，上海期货交易所的铜期货合约文本规定对场内交易会员最低收取 5%，交易所的场内交易会员通常分为经纪会员和自营会员。中国金融期货交易所的 10 年期国债期货合约规定是对交易所会员收取的最低保证金为 2%，2 年期国债期货最低为 0.5%，而股指期货的保证金最低为 8%。有两点值得注意：一是这个保证金比例是针对交易所会员而定的，作为通过期货公司进行期货交易的客户，期货公司会在交易所的基础上增加一定的幅度。二是合约文本上的保证金比例指的是一般情况下，实际执行中交易所经常会视情况而对保证金的比例进行调整，当然，这种调整都会至少提前一日发出通知。

按照百分比收取保证金有一个缺陷，那就是保证金的多少会随着合约价值的大小而变化，并且经常会出现零头。于是，有些交易所出于方便交易者的目的，规定当价格在一定范围内时，收取一个固定数目的保证金，当合约价值因价格波动超出或低于这一范围时再调整为另一个固定数目。

6. 涨跌停板制度及逐日清算制度

交易所收取一定比例的保证金后，能保证交易者不违约吗？不难想到，如果价格走势对交易者不利，损失一下子超过保证金，那么保证能力岂不是丧失了吗？比如，假定上海期货交易所对会员的铜期货交易收取 5% 的保证金，期货公司向客户收取 8% 的保证金，如果一位客户当天买进期货合约后价格暴跌了 10%，那这位客户不是全亏完了吗？这个疑问有没有道理？有道理！

问题是交易所早就想到了，针对性措施就是规定每一交易日中，期价的涨跌不能超过一定的幅度。这一规定的幅度通常被称为最大波动限制或涨跌停板制度。比如，上海期货交易所铜期货合约规定的涨跌幅不能超过上一交易日结算价的3%。假定上一交易日期铜的结算价为每吨50 000元，按3%计算就是1 500元，于是当日交易的期价最高不超过51 500元/吨，最低不低于48 500元/吨。所谓结算价，指的是当天该合约所有交易量的加权平均价。这样，3%的涨跌幅配上8%的保证金，问题不大了吧?!

涨跌停板制度的目的是防止交易者当日将全部保证金损失完毕，从而失去保证能力。然而，如果接连几个交易日的价格连续对交易者不利，那么累积下来的结果仍旧可能使交易者的损失超过保证金，这又该怎么办?

对此，交易所采取的针对性措施就是实行逐日清算制度。所谓逐日清算，就是每天按照当日的结算价对交易者所拥有的头寸进行清算。如有盈利，将盈利划入交易者的保证金账户上；如有亏损，将亏损从交易者的保证金账户上划走。如果交易者保证金账户上所剩余的资金比应付的保证金少，应该在下一交易日开市前补足。如果不能及时补足，说明保证能力不足，按照规定，交易所或经纪公司可以采取强制平仓措施，以消除该交易者违约的可能。

可见，保证金制度、涨跌停板制度及逐日清算制度三位一体，为期货交易所实现担保履约奠定了制度保障基础。

7. 期货交易怎么报价?

我们已经知道，所谓的期货（标准）合约就是除价格以外，其余各项条款都是交易所预先规定好的合约，而价格是由交易者自由竞价决定的。然而，尽管是自由竞价，仍需遵守一定的规则，交易者在买卖时必须按照规定的报价方式进行。而报价方式在标准合约中也会载明。

在期货交易中，最小交易单位就是一个合约。比如，铜期货是5吨铜为一个合约，这意味着投资者不可以买卖2吨或者3吨。买卖必须以5吨或5吨的倍数进行。习惯上，经常将一个合约称为“一张”或“一手”。不妨与国内股票交易对照着看，股票的单位是“股”，交易单位为100股。

上海期货交易所的天然橡胶期货合约规定：每张合约为 10 吨，报价为人民币元/吨，最小变动价位为 5 元/吨。这意味着投资者在交易中不可以报出 13 783 元/吨买进或卖出，只能报 13 780 元或 13 785 元这样的价位。每吨的最小变动价位为 5 元，等值于每张合约的最小变动价值 50 元。铜期货合约的规定为：每张合约为 5 吨，报价为人民币元/吨，最小变动价位为 10 元/吨，意味着每张合约的最小变动价值为 50 元。而国内股票交易所买卖股票，其报价方式是人民币元/股，最小变动价位为 0.01 元/股。不同期货品种的报价方式都很容易查到。

8. 最后交易日及交割方式

期货交易与股票交易有一个很大的差别，那就是作为期货合约，都有明确的到期日。股票是上市公司的股东凭证，只要上市公司存在，股票就一直存在，只要该上市公司不退市，该股票就一直可以交易下去，不存在到期日之说。而期货合约代表的是买卖双方针对某一货物签订的买卖合同。不难理解，任何一个买卖合同都会有到期履约日，因此，期货合约自然不可能永久持续下去。期货合约中规定的最后交易日，其含义是：无论交易者买进还是卖出期货合约，只要在最后交易日之后还留有持仓头寸，这些头寸就转化为必须进入交割程序的现货合同，而这个合约也会被交易所摘牌，不再进行交易。交易者如果不想进行交割，就必须在最后交易日（或在此之前）将原有的持仓进行反向的平仓交易，否则就构成违约行为，会受到交易所的严肃处理。

比如，上海期货交易所的铜期货交易设置的合约月份是 1 至 12 月，最后交易日的时间为交割月份的 15 日，如果投资者买进或卖出 5 月份的铜期货合约，那 5 月 15 日就是最后交易日，如果买进或卖出的是 10 月份的铜期货合约，那 10 月 15 日就是最后交易日。

常见的交割方式有两种，实物交割与现金交割。实物交割是指买方拿出全部应付货款，卖方拿出全部应交货物，在交易所的安排下进行交换。而现金交割是指交易双方在交割日按照合约交割价对合约盈亏以现金方式进行结算。在期货市场中，以商品为对象的期货交易（即商品期货）通常采用实物交割方式，而以金融工具为对象的期货交易（即金融期货）中，既有采用实物交割的，也有采用现金交割的，比如，中国金融期货交易所的国债期货采用实物交割，而股指期货采用现金交割。对于采用现金交割的期货合约而言，交易者即使在最后交易日没有平仓也不构成违约，因为交易所会对交易者持有的所有未平仓头寸按照现金交割价平仓。

上海期货交易所铜期货合约见表 1。

小贴士

表 1 上海期货交易所铜期货合约

交易品种	阴极铜
交易单位	5 吨/手
报价单位	元（人民币）/吨
最小变动价位	10 元/吨
涨跌停板幅度	上一交易日结算价 ±3%
合约月份	1～12 月
交易时间	上午 9：00～11：30，下午 1：30～3：00 和交易所规定的其他交易时间
最后交易日	合约月份的 15 日（遇国家法定节假日顺延，春节月份等最后交易日交易所可另行调整并通知）
交割日期	最后交易日后连续 5 个工作日
交割品级	标准品：阴极铜，符合国标 GB/T467－2010 中 1 号标准铜（Cu－CATH－2）规定，其中，主成分铜加银含量不小于 99.95% 替代品：阴极铜，符合国标 GB/T467－2010 中 A 级铜（Cu－CATH－1）规定，或符合 BS EN 1978：1998 中 A 级铜（Cu－CATH－1）规定

续表

交割地点	交易所指定交割仓库
最低交易保证金	合约价值的 5%
交割方式	实物交割
交割单位	25 吨
交易代码	CU
上市交易所	上海期货交易所

注：根据上期发〔2018〕44 号文修订。

9. 期货交易与现货交易的区别

认识了期货标准合约后，对期货交易与现货交易的区别就更容易看清楚了。

首先，期货交易与现货交易的对象不同。现货交易的交易对象是商品本身，买卖双方买卖的是“货”，而期货交易的交易对象是期货（标准）合约，是买进或卖出多少手或多少张期货（标准）合约。注意，标准合约与“货”这两个概念并不相等。

其次，期货交易与现货交易的目的不同。现货交易商的交易目的是为了得到货物或卖出货物，而期货交易者的目的不一样，尽管不排除一些现货商参与期货交易是需要到期收货或交货，但绝大多数交易者并不愿意涉及货物，所以，期货合约最后交易日后真正进入实物交割的合约数量少之又少，因为即使对现货商而言，在期货交易所进行实物交割未必就一定是最佳方案。

比如，某一以铜作为原材料的生产企业担心铜价上涨，在期货市场上买进铜期货，期货合约临近到期日时现货铜和期货铜的价格都上涨了，该企业当然可以选择交割收货，但也可以选择在期货合约平仓，然后在现货市场上采购。从保值效果上看，两个方案差不多，因为现货价上涨导致的成本升高可以用期货上的盈利来弥补，而从采购材料的合意角度看，可能后一方案更佳，因为尽管通过期货交割收到的货的质量是有保证的，但由于材料规格等级方面还是有一定的差异，并不能保证收到的货恰好与自身的需求匹配。

更能说明问题的是采用现金交割的一些期货品种，如股指期货和外汇期货，根本不存在“货”，交易者进行这些期货交易的目的自然都不可能是为了买到或卖出“货”。

最后，期货与现货的交易方式不同。现货交易是一对一谈判签订合同，签订合同之后任何一方不能履行合同，就构成违约行为。即使一方因为情况发生变化愿意承受一点损失将合同转让出去，但因为合同太个性化也很难实现。而期货交易是以公开、公平竞争的方式进行的集中性交易，由于合约标准化，转让十分方便，只需做一个反向交易就能轻松实现。

现在，你能理解为什么专家说“期货不是货”了吗?

行话术语知多少——期货市场专用名词

期货市场是专门交易标准合约的，知道这一点只是刚踏上起步台阶。如果想登堂入室，那么第二个台阶就是必须搞清楚标准合约是怎样交易的。能否登上这个台阶的检验标准就是看您是否懂得了行情以及听得懂术语。交易者在电脑或手机屏面前，针对行情谈笑风生，一串串的术语脱口而出，如果您听得一脸茫然，那表明您还是菜鸟一只。下面就针对期货行情及期货的专门术语进行解读。

1. 多头和空头

凡属交易，一定是既有买方又有卖方，期货交易也不例外。在期货交易中，把买进期货合约者称为多头，卖出期货合约者称为空头。多头认为期货合约的价格会上涨，所以就买进；相反，空头认为期货合约的价格高了，以后会下跌，所以就卖出。

请注意，在股票市场上，也将买进方称为多头，卖出方称为空头。然而，在股票交易中，卖方必须有股票才能卖，没有股票是不能卖的。股票市场本质上是现货市场，必须坚持“一手交钱，一手交货”的原则。如果没有股票就能随意卖出，那收盘清算后势必有些买进股票的交易者拿不到股票，这岂不乱套？有人说，现在股市交易中不是有融券交易吗？融券交易不就是交易者没有股票也在卖出吗？是的，但必须明白的是：所谓的“融券”，是指自己没有股票向有股票的交易者手中借来再卖出的。从交易撮合机制角度看，没有股票仍旧是不能卖出的，也就是绝对禁止“裸卖空”。

期货交易不一样，没有对应货物或不打算交货的人完全可以“裸卖空”。可不可以“裸卖空”，是期货市场和现货市场的重大差别。

2. 开仓、持仓、平仓及总持仓

在期货交易中，无论是买还是卖，凡是新建头寸都叫开仓。交易者建仓之后手中就持有头寸，这就叫持仓。而平仓是指交易者了结持仓的交易行为，了结的方式是针对持仓方向进行相反的对冲买卖。

因为开仓和平仓有着不同的含义，所以，交易者在买卖期货合约时必须指明是开仓还是平仓。

比如，某投资者在 3 月 15 日开仓买进 7 月大豆 10 手（张），成交价为 3 400 元/吨，这时，他就有了 10 手多头持仓。到 3 月 17 日，该投资者看见期货价格上涨了，于是在 3 415 元/吨的价格卖出平仓 6 手 7 月大豆。成交之后，该投资者的实际持仓就只有 4 手多单了。如果当日该投资者在报单时报的是卖出开仓 6 手 7 月大豆，成交之后，该投资者的实际持仓就不是原来的 4 手多单，而是 10 手多头持仓和 6 手空头持仓了。

显然，与股票交易相比，期货交易下单时的指令不再是“买”“卖”两个选项，必须增加“开仓”和“平仓”的选择。当然，选择“平仓”的前提是自己的期货交易账户上必须持有对应的持仓头寸，否则是无法选择“平仓”的。

对期货交易者来说，自己的持仓有多少可以看自己的账户，那是单个投资者自己的持仓。如果将市场上全体投资者所拥有的该期货合约的持仓加总，那就是市场总持仓量。有个与“持仓”等价的词语，叫“未平仓”，那么，总持仓意味着市场总的未平仓量。

在交易所发布的行情信息中，专门有“总持仓”一栏。投资者在交易时不断开仓平仓，因此总持仓也在不断变化。总持仓变大或变小，反映了市场对该合约兴趣的大小，因而成了投资者非常关注的指标。如果总持仓一路增长，表明多空双方都在开仓，投资者对该合约的兴趣在增长，越来越多的资金涌入该合约的交易中；相反，当总持仓一路减少，表明多空双方都在平仓出局，交易者对该合约的兴趣在退潮。还有一种情况是，当交易量增长时，总持仓却变化不大，这表明以“换手交易”为主。比如，甲投资者开仓买进 10 手，而乙投资者原来有 10 手多头持仓，现在卖出平仓，甲乙双方的指令恰好匹配成交，这时成交量增加了，但总持仓量却没有变化。

不难想到，在期货合约刚挂牌时，由于还没有成交，其总持仓为零，随着参与者的逐渐增加，总持仓一路增长，之后，在临近最后交易日时，为了避免交割，投资者以平仓为主，总持仓持续减少，最后交易日后摘牌，总持仓复归于零。

奇哉！无中生有的总持仓！烟消云散的总持仓！

3. 单边计量与双边计量

交易所发布的实时行情信息中，有“成交量”和“总持仓”信息。“总持仓”的含义上面已经解释了，而“成交量”是指当日开始交易至当时的累计总成交数量。然而，在统计上，却有单边和双边的区别。我们知道，凡是成交，必定是有买进也有卖出的，而且两者在数量上是绝对相等的。比如，有人出价以每吨 3 500 元的价格买进 10 手大豆，同时有人出价以每吨 3 500 元的价格卖出 10 手大豆，结果这 10 手单子成交了。那么，总共成交了多少呢？如果以单边计算，成交量就是 10 手，而以双边计算，成交量就是 20 手了。显然，双边计算是将成交双方的数量加起来统计的。同样，“总持仓”

的双边统计也是将多空双方的未平仓数量加起来计算的。注意，2020 年之前的我国期货市场，三家商品期货交易所（上海期货交易所、大连商品交易所、郑州商品交易所）的“成交量”和“总持仓”都是按双边统计的，而中国金融期货交易所的交易品种是按单边统计的。2020 年 1 月 1 日起，统计口径都改为单边计算了。

4. 换手交易

换手交易有“多头换手”和“空头换手”，当原来持有多头的投资者卖出平仓，但新的多头又开仓买进时称为“多头换手”；而“空头换手”是指原来持有空头的投资者在买进平仓，但新的空头在开仓卖出。表 2 举例说明多空双方开仓平仓与成交量及对应持仓量的变化关系（假定统计之初的总成交量已经有 5 000 手，同时总持仓量为 80 000 手，均按单边计算）。

表 2　多空双方开仓平仓与成交量及对应持仓量的变化关系　单位：手

序号	成交量	买方成交	卖方成交	总成交量	总持仓量	说明
				5 000	80 000	
1	100	100 多头开仓	100 空头开仓	5 100	80 100	双开仓 持仓增加
2	200	200 空头平仓	200 多头平仓	5 300	79 900	双平仓 持仓减少
3	300	300 多头开仓	300 多头平仓	5 600	79 900	多头换手 持仓不变
4	150	150 空头平仓	150 空头开仓	5 750	79 900	空头换手 持仓不变
合计	750	750 多头开仓 400 空头平仓 350	750 空头开仓 250 多头平仓 500			开仓 325 平仓 425 平仓为主 持仓减少

5. 期货行情表解读

交易者进行期货交易，当然是看着行情做的。行情表上各个数据的含义必须搞得清清楚楚，否则就是“夜半临深池，盲人骑瞎马”。表 3 列出的是上海期货交易所部分活跃期货合约在 2019 年 3 月 8 日交易结束时的行情表。

表 3　上海期货交易所部分活跃期货合约行情表　报价：人民币元

名 称	最新价	涨 跌	涨跌幅（%）	买 价	买量（手）	卖量（手）	卖 价	成交量（手）	持仓量（手）	结算价	昨结
线材 1905	3 895	−9	−0. 23	3 888	1	1	3 897	2 160	2 274	3 897	3 904
沪铜 1905	49 030	−120	−0. 24	49 040	1	3	49 050	60 418	230 580	48 950	49 150
沪铜 1904	49 470	−10	−0. 02	49 470	1	2	49 490	25 880	174 800	49 348	49 480
沪铝 1905	13 505	5	0. 04	13 500	1	13	13 505	41 604	306 396	13 500	13 520
沪铝 1904	13 580	−25	−0. 18	13 580	11	4	13 610	11 680	179 092	13 606	13 605
沪锌 1905	21 225	−105	−0. 49	21 220	47	40	21 225	155 722	218 660	21 201	21 330
沪锌 1904	17 370	−25	−0. 12	21 650	12	10	21 660	75 106	154 714	21 201	21 685
黄金 1906	285. 15	3. 00	1. 06	285. 10	4	1	285. 15	137 402	331 298	284. 67	282. 15
白银 1906	3 612	51	1. 43	3 612	9	36	3 613	311 120	732 536	3 603	3 561

表 3 中的报价均为人民币元，其中线材、铜、铝、锌均为吨价，黄金为克价，白银为千克价。第一列为品种及该品种合约的交割月份，1905 代表 2019 年 5 月交割合约；第二列为最新成交价；第三列为涨跌值，涨跌值是最新价与最后一列“昨结”的比较结果，“昨结”实际上是昨日结算价的简称，在股市中，涨跌值是最新价与昨日收盘价的比较结果；第四列“涨跌幅”的含义为涨跌值占“昨结”的百分比；倒数第二列结算价的含义为当日成交价格按照成交量加权计算得到的平均价，至当日收盘，该价格即为当日结算价，而在下一交易日，该价格即成“昨结”。

注意，在股市中，收盘价很重要，因为它是下一交易日股价涨跌值、涨跌幅以及涨跌停板的依据，一些庄家为了影响价格在临收盘时突然袭击，达到抬高或压低收盘价的目的。而在期货中，下一交易日的涨跌值、涨跌幅以及涨跌停板的计算依据是昨日结算价而非收盘价，因而，类似的突袭即使影响了收盘价也毫无意义。

6. 竞价方式

期货交易的早期，由于没有计算机，交易时采用场内集中公开喊价方式。场内投资者在交易所的交易池内或交易大厅里面对面地公开喊价，表达各自买进或卖出合约的要求。

公开喊价方式通常有两种形式：一是连续竞价制（动盘）。在这种情况下，新的成交价连续不断地产生。欧美期货市场都采用这种方式。这种方式的好处是场内气氛活跃，但其缺陷是人员规模受到场地限制。众多的投资者拥挤在交易池内，人声鼎沸，以至于投资者不得不使用手势来帮助传递交易信息。连续竞价制的另一个缺陷是场内交易员比场外投资者有更多的信息和时间优势。抢帽子交易往往成为场内交易员的专利。

公开喊价的另一种形式是日本曾经采用过的一节一价制。一节一价制把每个交易日分为若干节，每节交易中一种合约只有一个价格。每节交易先由主持人叫价，场内交易员根据其叫价申报买卖数量，如果买量比卖量多，则主持人另报一个更高的价；反之，则报一个更低的价，直至在某一价格上买卖双方的交易数量基本相等为止。这种方式相当于现在的集合竞价。

计算机技术普及后，世界各国的交易所纷纷改弦更张，采用计算机来代替原先的公开喊价方式。计算机撮合成交是根据公开喊价的原理设计而成的一种自动化交易方式，它具有准确、连续、速度快、容量大等优点。目前，我国的期货交易所都采用计算机撮合成交方式。

小贴士

历史上的红马甲与黄马甲

在电子化交易之前，期货交易和证券交易都采用场内公开叫价方式，众多的交易员集中于一堂。因为人数众多，拥挤不堪，即使彼此说话大吼大叫，有时也难以听清，所以衍生出一套独特的手势语言。每到收盘之时，地面总是遍地纸屑，一片狼藉。不难想到，这么多人挤在一起，保持交易秩序并不轻松。在长期实践中，交易所摸索出了一套有效的现场管理方法，他们让期货（证券）公司、期货（证券）自营会员派驻交易所的交易员一律穿上红马甲，马甲背后有大字印刷的席位号码。而交易所的交易大厅管理人员一律穿上黄马甲，其好处是一眼就能辨别对方的身份。穿红马甲的人也被称为“出市代表”。

电子化交易兴起后，交易大厅的功能越来越弱化。开始时交易大厅内安置了大量计算机终端，红马甲们安安静静地坐在自己电脑前接听电话并下单，场内已经失去了以往常有的喧嚣之声。当互联网及远程交易兴起后，交易终端可以直接联通到投资者自己的办公室，红马甲们也不必进场了。2006 年成立的中国金融期货交易所，干脆在成立之时就宣布不设交易大厅，因此也无须出市代表了。一些较早成立的交易所尽管还有交易大厅，但实际上也不再发挥原来的功能，有些直接被改作他用。

7. 价格优先、时间优先撮合原则

计算机交易系统在撮合成交时，按价格优先、时间优先的原则进行。该原则的完整解释是：买家出价高的优先，卖家出价低的优先，如果出价相同则挂单时间最早的优先。例如，某投资者卖出 7 月大豆 10 手，挂出价格为 2 400 元/吨，投资者甲挂出 10 手买单，报价为 2 398 元/吨。随后，投资者乙也想买 10 手，挂价为 2 399 元/吨，由于乙的价格比甲高，按照价格优先原则，乙的单子排在甲的前面。后来，丙也挂出 10 手买单，价格同样为 2 399 元/吨，由于挂价与乙相同，按照时间优先原则，只能排在乙的后面，但仍在甲之前。假如这时有一个投资者以 2 397 元/吨卖出 10 手，买方优先成交者就是乙。读者可能会想到，优先的买方出价是 2 399 元/吨，而卖方出价是 2 397 元/吨，那么，实际成交价究竟是多少呢？2 397 元/吨、2 398 元/吨、2 399 元/吨似乎都可以？对此，计算机是如何确定的呢？

计算机在撮合时实际上是依据前一笔成交价从而定出最新成交价。如果前一笔成交价低于或等于卖出价，则最新成交价就是卖出价；如果前一笔成交价高于或等于买入价，则最新成交价就是买入价；如果前一笔成交价在卖出价与买入价之间，则最新成交价就是前一笔的成交价。

还是以上面的例子说明吧。

买方出价 2 399 元/吨，卖方出价是 2 397 元/吨。如果前一笔成交价为 2 397 元/吨或 2 397 元/吨以下，最新成交价就是 2 397 元/吨；如果前一笔成交价为 2 399 元/吨或 2 399 元/吨以上，则最新成交价就是 2 399 元/吨；如果前一笔成交价是 2 398 元/吨，则最新成交价就是 2 398 元/吨。

这种撮合方法的好处是既显示了公平性，又使成交价格具有相对连续性，避免了不必要的无规律跳跃。

8. 开盘价、收盘价及结算价

开盘价由集合竞价产生。集合竞价的方式是：每一交易日开市前 5 分钟内，前 4 分钟为期货合约买、卖价格指令申报时间，后 1 分钟为集合竞价撮合时间，产生的开盘价随即在行情栏中显示。

集合竞价采用最大成交量原则，即以此价格成交能够得到最大成交量。首先，交易系统分别对所有有效的买入申报按申报价由高到低的顺序排列，申报价相同的按照进入系统的时间先后排列；所有有效的卖出申报按申报价由低到高的顺序排列，申报价相同的按照进入系统的时间先后排列。接下来，交易系统依次逐步将排在前面的买入申报和卖出申报配对成交，直到不能成交为止。如最后一笔成交是全部成交的，取最后一笔成交的买入申报价和卖出申报价的算术平均价为集合竞价产生的价格，该价格按各期货合约的最小变动价位取整。如最后一笔成交是部分成交的，则以部分成交的申报价为集合竞价产生的价格。下面，不妨举一例明之。

案例

某合约申报排序如表4（最小变动价位为11元）。

表4　某合约申报排序

排序	买进		卖出	
	价格	手数	价格	手数
1	2 599	50	2 570	30
2	2 590	90	2 580	60
3	2 585	100	2 588	120
4	2 581	150	2 595	150

配对情况为：排序为1的买进价高于排序为1的卖出价，成交30手；排序为1的买进价还有20手没成交，由于比排序为2的卖出价高，成交20手；排序为2的卖出价还有40手没成交，由于比排序为2的买进价低，成交40手；排序为2的买进价还有50手没成交，由于比排序为3的卖出价高，成交50手；排序为3的卖出价还有70手没成交，但是，由于比排序为3的买进价高，已经无法成交。这样，最终的开盘价就是2 588元，在此价位上成交140手（如按双边计算则是280手）。

在开盘集合竞价中的未成交申报单在开市后自动转为竞价交易。

如果开盘集合竞价未产生开盘价，则开市后的第一笔交易价格为开盘价。

收盘价的产生比较简单，通常以该合约当日最后一笔成交的价格作为收盘价。

结算价是进行当日未平仓合约盈亏结算和制定下一交易日涨跌停板额度的依据。结算价的产生方式有两种，商品期货通常将某一期货合约当日成交价格按照成交量加权平均计算所得的价格规定为当日结算价。如果当日该合约没有成交，则以上一交易日的结算价作为当日结算价或按照交易所的相关规定确定。结算价的另一种产生方式是中国金融期货交易所规定的。比如在股指期货交易中，取当日最后一小时成交价格按照成交量的加权平均价作为当日结算价。

9. 连续（晚盘）交易与开盘价

国内期货交易从 1992 年开始起步，交易时间设置上都在白天，通常分为上午和下午。由于大多数交易品种都是全球性通用大宗商品，欧美一些期货交易所同样在交易，而这些交易所在交易规模、开放程度及全球影响力方面远远超过国内的交易所。由于时间差异，国内期货交易在价格上出现了严重的跟风现象，被人戏称为国外期货交易所的影子市场，具体表现为：国内交易开盘价格参照国外同类品种的隔夜收盘价涨跌情况一步到位，且全天的交易价格基本呈现窄幅盘整状，如果从日 K 线角度看，跳空缺口比比皆是。影子市场的格局不仅严重减弱了国内期货市场的影响力，也给国内需要及时对冲风险的交易者带来了很大的困惑与麻烦。在这种背景下，国内一些有识之士一直在呼吁应该参照国外一些交易所的连续交易制度推出自己的晚盘交易，使我们的交易时间能够与国外期货交易的主盘交易时间对接。

经过多年的努力，2013 年 7 月 5 日上海期货交易所在贵金属期货交易上顺利推出了晚盘连续交易。在贵金属连续交易试点成功的基础上，晚盘交易又于 2013 年 12 月 20 日推广至有色金属期货品种。同时，大连商品交易所于 2014 年 7 月 4 日、郑州商品交易所于 2014 年 12 月 12 日也推出了自己的晚盘交易。

下面以上海期货交易所的黄金、白银期货为例进行说明。白天交易时间为上午 9:00 ~ 11:30 和下午 1:30 ~ 3:00，而晚盘交易时间为 21:00 ~ 次日 2:30。

晚盘交易推出后，一些术语的含义发生了变化，需要重新厘定。比如，原本对“交易日”的理解不会有歧义，但现在 21：00～次日 2：30 的交易算哪个交易日？对此，交易所规定：“交易日”是指从前一个工作日的连续交易开始至当天日盘结束。由此可见，今天 21：00 开始的晚盘交易实际上已经归属为明天，也可理解为明天的交易已提前至今天的 21：00。由于每个交易日的开始通常都有一个集合竞价的开盘价，开盘集合竞价在交易开市前 5 分钟内进行，那么在开展晚盘交易的情况下，昨天晚盘交易开始就进行集合竞价产生开盘价，而当天日盘交易不再进行集合竞价。只有当昨天没有晚盘交易时，今天日盘交易前才进行开盘集合竞价。另一个变化是，若看行情的日 K 线图，那么现在的日 K 线的含义自然覆盖了昨天的晚盘和今天的日盘交易。

10. 交割

每一个期货合约在开始挂牌交易前都已确定了该合约的到期时间及最后交易日。若过了最后交易日，交易者仍留有持仓头寸，就必须进行交割了。如果是现金交割，还比较简单，多空双方都按照交易所指定的价格对冲平仓即可。当然，这个指定价格产生的程序是早就定下来的。如果是实物交割，由于涉及实物，程序就复杂一些了。商品期货通常都采用实物交割方式，金融期货中的国债期货也采用实物交割。

实物交割一般的程序是：卖方在交易所规定的期限内将货物运到交易所指定的交割仓库，经验收合格后由仓库开具仓单，再经交易所注册后成为标准仓单。进入交割期后，卖方提交标准仓单及相应的增值税专用发票，买方提交足额货款，到交易所办理交割手续。

除了指定交割仓库交割外，为了方便现货商交割，一些期货交易所针对一些特定品种推出了其他交割方式，比如中转仓库交割、厂库交割、车（船）板交割等交割方式。中转仓库交割是指卖方通过将中转仓库开具的相关商品中转仓单转移给买方以完成实物交割的交割方式；厂库交割是指卖方通过将指定交割厂库开具的相关商品标准仓单转移给买方以完成实物交割的交割方式；车（船）板交割是指卖方在交易所指定交割计价点将货物装至买方汽车板、火车板或轮船板，完成货物交收的一种实物交割方式。大连商品交易所针对铁矿石交割推出了提货单交割方式，提货单是指在买方完成商品验收、确认合格，并经存货港口对物权转移确认后，卖方签发给买方的实物提货凭证。

在交割的时间方面，除了最后交易日结束后交易所对所有持仓客户进行统一配对进行“集中性”交割外，郑州商品交易所和大连商品交易所都针对一些商品推出了可以提前进行交割的交割方式。比如，郑州商品交易所和大连商品交易所对一些特定品种规定：进入交割月后的第一个交易日至最后交易日前任何一个交易日，卖方都可以主动提出交割。交易所根据卖方的交割申请，于当日收市后采取计算机直接配对的方法，为卖方找出持该交割月多头合约时间最长的买方，这一日被称为配对日。买卖双方在配对日的下一交易日收市前应到交易所签领交割通知单，这一日被称为通知日。买卖双方签领交割通知的下一个交易日为交割日。买方会员必须在交割日上午9：00之前将尚欠货款划入交易所账户，卖方会员必须在交割日上午9：00之前将标准仓单持有凭证交到交易所。从卖方提起交割到实施的时间总共为三天，故这种交割方式被称为“三日交割法”，也被称为“滚动交割”。大连商品交易所对铁矿石提货单的交割进行了规定：买方客户可在交割月前一个月第10个交易日至第14个交易日内提出申请进行提前交割，若卖方也有交割意愿，则由交易所进行配对交割。

国债期货的交割对象是国债，作为金融产品，与实物商品不一样，无须存放实物的仓库，交割时通过交易所委托的相关国债托管机构（中国结算及上海分公司或深圳分公司）进行。

11. 交割违约与交割违约的处理

交割是期货交易履约的最后一个环节。为了制止交易者可能产生的违约企图，交易所都制定了非常严厉的制裁措施。对交易者来说，违约的成本比履约的成本还高，故交易者自然会慎重对待交割问题，因而，在期货交易的交割中，违约的事情可以说是极其罕见的。

对买方而言，交割违约是指在规定交割期限内未解付货款或解付不足；对卖方而言，交割违约是指在规定交割期限内未交付有效标准仓单及相应的票据。相应的惩罚措施为：构成交割违约的，由违约方支付违约部分合约价值 20% 的违约金给守约方，买卖双方终止交割。

不难想到，在交割期，如果违约者的保证金太少，就可能产生没钱可罚的情况，所以为了防止这种情况的出现，交易所规定，交易的合约离最后交易日越近，其保证金也收得越高。比如，大连商品交易所的大豆期货交易，最后交易日是交割月份的第 10 个交易日。尽管在合约上标明保证金为 5%，但这是指一般情况。按照《风险管理办法》，当进入交割月份前一个月的第 15 个交易日，保证金收取将提升为 10%，进入交割月份的第一个交易日，保证金收取又将提升为 20%。交易者的保证金多了，履约的可靠性显然就高了。只是在这种规定下，似乎卖方有些吃亏，因为对买方来说，尽管保证金高了，但仍然只是全部货款的一部分，而对卖方来说，却既要备货，又要垫付高额的保证金。为此，交易所又规定，在进入交割月份后，卖方如果拿出标准仓单作履约保证，就不再收取其对应的保证金。

实物交割不仅涉及钱与货，还涉及增值税专用发票，因此期货交易所都规定对那些不能交付或者接收增值税专用发票的客户不允许交割。比如，上海期货交易所规定：某一期货合约最后交易日前第三个交易日收盘后，自然人客户的期货合约的持仓应当为 0 手。自最后交易日前第二个交易日起，交易所对自然人客户的交割月份持仓将直接强行平仓。

12. 网开一面的“期转现”

期货交易的规则是建立在“三公”基础上的，交易之前，所有的规则都已公布。你要买卖，必须通过竞价进行，买（卖）了也不知道谁卖（买）的；最后交易日之后未平仓合约必须进行交割，若是实物商品，不仅货物的数量、质量、地点及时间都必须符合合约的规定，而且由交易所统一配对，交割者事前不知道对方会是谁。这里容不得私下商议，也不能自由选择，因为这不是一对一可以商议的现货市场。

严密的规则确保了交易秩序，但对于真正需要进行实物商品交割的现货商而言，难免会感到诸多不便以及低下的效率。比如，对卖家而言，明明货物已在手，但因为合约还有两个月到期而无法回笼货款；而对买家来说，现在就需要货物，再等上两个月显然也不现实。

为解决现货商们的实际需求，充分发挥期货市场的服务实体企业功能，使现货商可以更好地利用期货市场，欧美众多的期货交易所很早就推出了“期货转现货交割”制度。这一制度允许持有不同买卖方向期货合约的持仓客户可以自行协商，达成提前交割的现货协议，经过交易所批准后，由交易所代办对他们的期货持仓，按照他们议定的价格实施平仓。与期货市场严禁私下协商的原则相比，这可真算得上是“网开一面”了。

当然，在网开一面的同时，为了防止交易者钻空子、打擦边球之类扰乱市场的行为，交易所对期转现交易也有一整套防范和监督措施。

对现货商而言，期转现交易既可以使他们通过期货交易规避价格风险，又可以灵活地选择交货地点、时间和品级，有利于降低交割成本，提高资金的利用效率。因此，期转现交易深受现货商们的欢迎。

小贴士

上海期货交易所交割细则中关于“期转现”的规定

第一百三十一条　期转现是指持有方向相反的同一月份合约的会员（客户）协商一致并向交易所提出申请，获得交易所批准后，分别将各自持有的合约按交易所规定的价格由交易所代为平仓，同时按双方协议价格进行与期货合约标的物数量相当、品种相同、方向相同的仓单的交换行为。

第一百三十二条　期转现的期限为欲进行期转现合约的上市之日起至交割月份最后交易日前二个交易日（含当日）止。

持有同一交割月份合约的买卖双方会员（客户）达成协议后，在上述期限内的交易日的14：00前，到交易所申请办理期转现手续，填写交易所统一印制的期转现申请单。

用非标准仓单交割的，应当提供相关的买卖协议和提单复印件。

第一百三十三条　期转现仅适用于上海期货交易所所有上市品种的历史持仓，不适用在申请日的新开仓。

第一百三十四条　期转现的交割结算价为买卖双方会员（客户）达成的协议价。

第一百三十五条　申请期转现的买卖双方原持有的相应交割月份的期货头寸，由交易所在申请日的15：00之前，按申请日前一交易日交割月份合约的结算价平仓。

第一百三十六条　期转现的交易保证金按申请日前一交易日交割月份期货合约结算价计算。

第一百三十七条　期转现的票据交换（包括货款、仓单）在申请日后一交易日14：00前在本交易所内完成。

第一百三十八条　期转现的交割货款可以采用内转或银行划转方式办理。

第一百三十九条　卖出方应当在办理期转现手续后七日内向交易所提交增值税专用发票。如卖方在 14：00 之前交付增值税专用发票的，经复核无误后，交易所退付卖方相应的保证金。如在 14：00 之后交付的，交易所在下一交易日结算时清退相应的保证金。交易所在收到卖方增值税专用发票的下一个工作日内向买方开具增值税专用发票。

未按时提交增值税专用发票的，按《上海期货交易所结算细则》中的有关规定处理。

第一百四十条　未按本章第一百三十七条规定的期限完成交割的，按本交割细则中有关交割违约的规定执行；发生交割实物质量纠纷的，买方应当在票据交换日后的 25 天内提出质量异议申请，并应当同时提供本交易所指定的质量监督检验机构出具的质量鉴定结论。

涉及非标准仓单交割实物质量纠纷的，由相关会员协调处理，交易所对此不承担担保责任。

第一百四十一条　对非善意的期转现行为，按《上海期货交易所违规处理办法》中的有关规定处理。

第一百四十二条　交易所将及时公布期转现的有关信息。

注：2019 年 10 月 28 日发布。

13. 期货交易账户计算

对期货投资者而言，会算账可以说是最起码的要求。由于期货交易是保证金交易，而且又实行每日清算制度，故期货交易的账户计算比股票交易来得复杂。但只要掌握要领与规则，学会也不难。

在期货交易账户计算中，盈亏计算、权益计算、保证金计算以及资金余额是四项最基本的内容。

按照开仓和平仓时间划分，盈亏计算中可分为下列四种类型：今日开仓今日平仓；今日开仓后未平仓转为持仓；上一交易日持仓今日平仓；上一交易日持仓今日继续持仓。

各种类型的计算方法如下：

今日开仓今日平仓的，计算其买卖差额；

今日开仓后未平仓转为持仓的，计算今结算价与开仓价的差额；

上一交易日持仓今日平仓的，计算平仓价与上一交易日结算价的差额；

上一交易日持仓今日继续持仓的，计算今结算价与上一交易日结算价的差额。

在进行差额计算时，注意不要搞错买卖的方向。

下面举例说明。

案例

某客户在某期货经纪公司开户后存入保证金10万元，在4月1日开仓买进9月大豆期货合约40手（每手10吨），成交价为2 000元/吨，同一天该客户卖出平仓20手大豆合约，成交价为2 030元/吨，当日结算价为2 040元/吨，假定交易保证金比例为8%，手续费为单边每手10元，则客户的账户情况为：

当日平仓盈亏 =（2 030 – 2 000）×20×10 = 6 000（元）

当日开仓持仓盈亏 =（2 040 – 2 000）×（40 – 20）×10 = 8 000（元）

当日盈亏 = 6 000 + 8 000 = 14 000（元）

手续费 = 10×60 = 600（元）

当日权益 = 100 000 + 14 000 – 600 = 113 400（元）

保证金占用 = 2 040×20×10×8% = 32 640（元）

资金余额（即可交易资金）= 113 400 – 32 640 = 80 760（元）

案例

4月2日，该客户买入8手9月大豆合约，成交价为2 030元/吨；随后又卖出平仓28手9月大豆合约，成交价为2 045元/吨；后来又卖出50手9月大豆合约，成交价为2 035元/吨。当日结算价为2 060元/吨，则其账户情况为：

当日平仓盈亏 =（2 045 − 2 030）×8×10 +（2 045 − 2 040）×20×10 = 2 200（元）

当日开仓持仓盈亏 =（2 045 − 2 060）×50×10 = −7 500（元）

当日盈亏 = 2 200 − 7 500 = −5 300（元）

手续费 = 10×86 = 860（元）

当日权益 = 113 400 − 5 300 − 860 = 107 240（元）

保证金占用 = 2 060×50×10×8% = 82 400（元）

资金余额（即可交易资金）= 107 240 − 82 400 = 24 840（元）

案例

4月3日，该客户买进平仓30手，成交价为2 050元/吨；后来又买进开仓9月大豆合约30手，成交价为2 070元/吨。当日结算价为2 070元/吨，则其账户情况为：

平仓盈亏 =（2 060 − 2 050）×30×10 = 3 000（元）

历史持仓盈亏 =（2 060 − 2 070）×20×10 = −2 000（元）

当日开仓持仓盈亏 =（2 070 − 2 070）×30×10 = 0（元）

当日盈亏 = 3 000 − 2 000 + 0 = 1 000（元）

手续费 = 10×60 = 600（元）

当日权益 = 107 240 + 1 000 − 600 = 107 640（元）

保证金占用 = 2 070×50×10×8% = 82 800（元）

资金余额（即可交易资金）= 107 640 − 82 800 = 24 840（元）

注意：当日交易结束后，该客户的实际持仓为30手多头与20手空头，如果扣除其20手对锁仓，则净持仓为10手多头。

14. 追加保证金和强制平仓

我们已经知道，当日权益减去持仓保证金就是资金余额。如果当日权益小于持仓保证金，则意味着资金余额是负数，同时也意味着保证金不足了。按照规定，期货经纪公司会通知账户所有人在下一交易日开市之前将保证金补足。此举被称为追加保证金。如果账户所有人在下一交易日开市之前没有将保证金补足，按照规定，期货公司可以对该账户所有人的持仓实施部分或全部的强制平仓，直至留存的保证金符合规定的要求。

案例

某客户账户原有保证金 120 000 元，5 月 9 日，开仓买进 9 月大豆合约 80 手，均价 2 400 元，手续费为单边每手 10 元，当日结算价为 2 380 元，保证金比例为 5%。

当日开仓持仓盈亏 $=(2\,380-2\,400)\times80\times10=-16\,000$（元）

手续费 $=10\times80=800$（元）

当日权益 $=120\,000-16\,000-800=103\,200$（元）

保证金占用 $=2\,380\times80\times10\times5\%=95\,200$（元）

资金余额(即可交易资金) $=103\,200-95\,200=8\,000$（元）

5 月 10 日，该客户没有交易，但 9 月大豆合约的当日结算价降为 2 350 元，当日账户情况为：

历史持仓盈亏 $=(2\,350-2\,380)\times80\times10=-24\,000$（元）

当日权益 $=103\,200-24\,000=79\,200$（元）

保证金占用 $=2\,350\times80\times10\times5\%=94\,000$（元）

资金余额（即可交易资金） $=79\,200-94\,000=-14\,800$（元）

显然，要维持 80 手的多头持仓，保证金尚缺 14 800 元，这意味着下一交易日开市之前必须追加保证金 14 800 元。如果该客户在下一交易日开市之前没有将保证金补足，那么期货经纪公司可以对其持仓实施部分强制平仓。经过计算，79 200 元的权益可以保留的持仓至多为 79 200/（2 350 × 10 × 5%）＝67.4 手。这样，经纪公司至少可以将其持仓强平掉 13 手。

15. 爆仓

爆仓是指账户权益为负数，这意味着投资者的保证金不仅全部损失光，而且还倒欠了期货公司。正常情况下，在逐日清算制度及强制平仓制度下，爆仓是不会发生的。然而，在有些特殊情况下，比如在行情发生连续同方向停板时，持仓头寸较多，此时逆方向的账户很可能就会爆仓。

案例

资料如上述案例。5 月 11 日开盘前，客户没有将应该追加的保证金交给期货公司，而 9 月大豆期货又以跌停板价 2 280 元/吨开盘并且被牢牢封住，即只有卖单没有买单。期货经纪公司想将该客户的多头持仓强制平仓，但无法实现。当日，结算价就是 2 280 元/吨。如果对该账户进行结算，就可发现：

当日历史持仓盈亏＝(2 280－2 350)×80×10＝－56 000（元）

当日权益＝79 200－56 000＝23 200（元）

保证金占用＝2 280×80×10×5%＝91 200（元）

资金余额（即可交易资金）＝23 200－91 200＝－68 000（元）

期货公司在收盘后又向该客户发出追加 68 000 元保证金的通知书，但该客户在 5 月 12 日开盘前仍旧没追加资金。于是，期货经纪公司在当日开盘价 2 240 元的价位上将该客户的 80 手多单强制平仓。这样，该账户的情况为：

当日平仓盈亏＝(2 240－2 280)×80×10＝－32 000（元）

手续费＝10×80＝800（元）

实际权益＝23 200－32 000－800＝－9 600（元）

即该客户倒欠了期货经纪公司 9 600 元。

16. 期货交易与股票交易的差别

知道了期货交易的规则之后，下面再将期货交易与股票交易比较一下。由于股票交易的普及率比较高，不少投资者都有过股票交易的经历，而这两个市场既有共同之处，又有较大的差异。通过比较，认识期货交易的特点会相对容易一些。

两者的共同点为：竞价交易方式基本相同，都是采用规定时间段内集中双向竞价方式，因而，仅从行情表上看，所用的术语也差不多，比如，都有开盘价、收盘价、最新价、涨跌幅、买量、卖量、交易量等，画出来的 K 线图也差不多。因而，大量的技术分析方法和分析指针在两者之间几乎可以没有差别地被使用。

两者的差异有：

（1）期货交易中，持仓量是可变的；在股市中，股票在一级市场发行后进入二级市场，只要一级市场没有什么变化（比如增股、缩股），二级市场上的流通筹码就是恒定不变的，因而，其持仓量是不会发生变化的。

（2）期货交易中，任何一个合约都有到期日，到时都会摘牌；在股市中，只要上市公司本身不出问题，其股票可以永久地交易下去。

（3）期货交易中，不仅可以做多，也可以做空，即在无货的情况下也可以卖出，因而，期货交易是双程交易；在股票交易中，只能先买后卖，即只能做多而无法真正做空（现在的融券卖空并非真正的做空，不仅受到很多限制，而且需支付融券成本），故股票交易本质上是单程交易。双程交易显然比单程交易更灵活。在股市中，若遇熊市，市值大幅降低，投资者都难以获利，绝大部分投资者亏损是免不了的。而在期货交易中，不论是牛市还是熊市，对投资者来说，都有盈利的机会。

（4）期货交易采用保证金交易方式，这是与股票交易的又一重大差别。

众所周知，在股票交易中，1 万元价值的股票必须要用 1 万元才能买（股市中只能通过融券加杠杆，但也是需要支付融资成本的）；在期货交易中，即使保证金收取比例高至 10%，买卖 1 万元价值的期货合约也只需 1 000 元，合约价值是保证金的 10 倍。显然，在期货交易中，资金成本被大大节约了。而所谓杠杆机制，就是指合约价值与保证金的倍数所发挥的作用。保证金比例越低，资金的利用率就越高。

（5）期货交易的资金利用率非常高，这不仅体现在保证金机制上，还体现在采用 T+0 交易方式上。在股票交易中，当天买进的股票当天不能卖出，在期货交易中却没有这种限制。这意味着一笔资金在当天交易中可以反复使用。实际上，在期货交易中的确也存在一些专做短线交易的交易者，尽管其资金量并不大，但交易量却非常可观。

（6）期货交易的交易手续费比股票交易的交易手续费低得多。在我国，投资者在期货交易中所付出的双边（来回）手续费通常不会超过合约价值的千分之一。比如，大豆期货交易中，当手续费为单边每手 3 元时，来回总计为 6 元，即每吨合 0.6 元，当大豆价格为每吨 3 000 元时，手续费只有万分之二。又如，在上海期货交易所的铜期货交易中，交易所单边每手收取合约价值的万分之零点五，若期货经纪公司加倍，则来回手续费为万分之二。在股票交易中，即使不考虑交易手续费，单单千分之一的印花税费用就远超过了期货交易。

17. 高收益与高风险

在杠杆机制的作用下，期货交易比股票交易表现出了更高的收益性和更大的风险性。下面不妨作一个具体的比较。假定股票和期货的价格同样是上涨 2%，同样是买家，由于股票是全额交易，在不考虑交易成本的情况下，获利率就是 2%，而对期货投资者来说，假定保证金为 10%，那么获利率就是 20% 了。当然，高收益与高风险是对称的。对于卖出期货合约的投资者而言，当期货价格上涨2%时，损失也将高达保证金比例的20%。回想一下前面的案例，大豆价格从2 400元/吨跌到2 240元/吨，那位买了80手大豆的投资者在短短的几个交易日中不仅损失了全部12万元保证金，还倒欠了期货经纪公司9 600元。不难想到，如果当初卖出了80手大豆合约呢，那么短短几个交易日投资者就会获利12万元以上，获利率超过100%。

入境还得先问俗——中国期货市场鸟瞰

大家已经知道，期货市场是进行期货合约交易的市场。然而，这个市场又是如何运作的呢？这就需要搞清楚这个市场有哪些组成部分，搞清楚这些组成部分各自的功能与作用。

1. 期货市场的结构

可以将期货市场的结构或组成划分为四个层次，那就是客户层、核心服务层、相关服务层和监管层。客户层是指所有投资者的集合。他们不仅是市场赖以存在的基础，也是整个市场所服务的对象。与其他市场一样，要知期货市场是否繁荣，只要看交易者队伍是不是庞大，交易量大不大就行了。核心服务层由期货交易所和期货公司组成，他们与投资者之间的关系非常密切，是直接为投资者进行交易服务的机构。相关服务层是指为期货交易提供间接服务的服务机关，如提供交易行情、交易软件、咨询信息的信息服务公司，为期货交割业务提供仓储、质量检验的交割仓库和质检机构，为期货交易业务提供资金划拨服务的相关银行等。监管层是政府为维护期货市场秩序而专设的部门。在我国，按照国务院颁布的《期货交易管理条例》，期货市场由中国证监会进行监管。期货行业的自律组织——中国期货业协会也在中国证监会的指导下对期货业进行监管。中国期货市场监控中心则在中国证监会的指导、监督和管理下承担着期货市场运行的监测监控功能。中国期货市场结构见图 1。

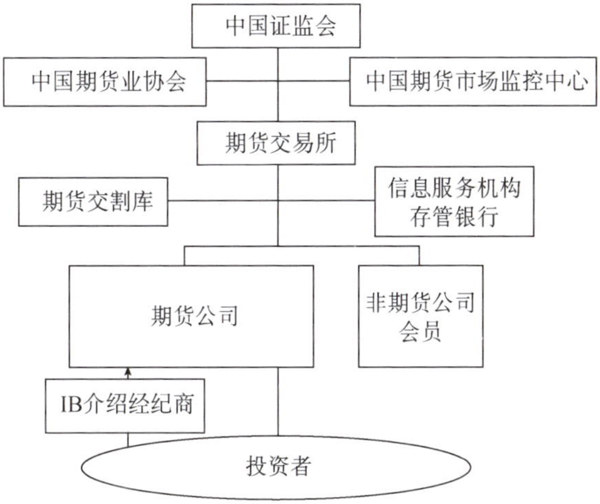

图 1　中国期货市场结构

2. 期货交易所

期货交易所是期货市场的核心，其组织形式通常有会员制和公司制两种。目前，我国的三家商品期货交易所都是会员制形式，而中国金融期货交易所则是公司制。会员制是指期货交易所由全体会员共同出资组建，会员缴纳一定的会员资格费，作为交易所的注册资本。缴纳会员资格费只是取得交易所会员资格的基本条件之一，不是投资行为，不存在投资回报问题。会员制期货交易所的权力机构是由全体会员组成的会员大会，会员大会的常设机构是由其选举产生的理事会。公司制期货交易所由若干股东共同出资组建，权力机构是股东大会，常设机构是董事会。中国金融期货交易所由郑州商品交易所、大连商品交易所、上海期货交易所，以及上海证券交易所、深圳证券交易所5家股东单位发起成立。

2017年国务院修订颁布的《期货交易管理条例》规定：

设立期货交易所，由国务院期货监督管理机构审批。

未经国务院批准或者国务院期货监督管理机构批准，任何单位或者个人不得设立期货交易场所或者以任何形式组织期货交易及其相关活动。

期货交易所不以营利为目的，按照其章程的规定实行自律管理。期货交易所以其全部财产承担民事责任。期货交易所的负责人由国务院期货监督管理机构任免。

期货交易所的管理办法由国务院期货监督管理机构制定。

期货交易所履行下列职责：

- 提供交易的场所、设施和服务；
- 设计合约，安排合约上市；
- 组织并监督交易、结算和交割；
- 为期货交易提供集中履约担保；
- 按照章程和交易规则对会员进行监督管理；
- 国务院期货监督管理机构规定的其他职责。

期货交易所不得直接或者间接参与期货交易。未经国务院期货监督管理机构审核并报国务院批准，期货交易所不得从事信托投资、股票投资、非自用不动产投资等与其职责无关的业务。

3. 上海期货交易所

上海是我国期货市场试验起步最早的地区，1995年期货市场整顿时，中国证监会批准了上海金属交易所、上海粮油商品交易所及由石油、建材、农资、化工四家合并组建的上海商品交易所为试点期货交易所。根据国务院1998年8月关于进一步整顿规范期货市场的要求，上海三家交易所实行合并，组建上海期货交易所，受中国证监会集中统一监督管理，于1999年12月正式营运。

上海期货交易所（以下简称上期所）位于上海浦东新区陆家嘴金融贸易区中部，目前拥有会员198家（其中期货公司会员占比为76%）。在品种方面，已上市铜、铝、锌、铅、镍、锡、黄金、白银、螺纹钢、线材、热轧卷板、原油、燃料油、石油沥青、天然橡胶、纸浆、20号胶、不锈钢18个期货品种以及铜、天然橡胶、黄金3个期权合约。在这些产品中，原油期货是我国首个国际化期货品种，对我国期货市场对外开放具有标志性意义。铜期权是我国首个工业品期权，为企业提供了更加精细化的风险管理工具。铜期货已成为世界影响力最大的三大铜期货市场之一，并与铝、锌、铅、镍、锡期货形成了完备的有色金属品种系列，能较好地满足实体行业需求。

天然橡胶期货的权威定价地位逐步巩固，“保险+期货”精准扶贫试点喜结硕果。黄金、白银期货，促进了贵金属市场体系的健康发展，丰富了期货市场的参与结构和功能作用。螺纹钢、热轧卷板、线材等黑色金属期货，进一步优化了钢材价格形成机制，助力我国钢铁工业健康有序发展，提高了我国钢铁价格的国际影响力。燃料油、石油沥青期货加快推进了能源类期货产品的探索，提升了我国石油类商品的市场影响力。

上期所的期货合约到期以实物交割方式履约，在全国拥有93家交割仓库，存放点172个。

小贴士

上海国际能源交易中心

中国境内期货市场自20世纪90年代初期起步后，尽管在随后的20多年运作中，产品和规模一路增长，但在国际化方面却进展不快。

2013 年 11 月 6 日，由上海期货交易所发起设立的国际交易场所——上海国际能源交易中心（以下简称“上期能源”）经中国证监会批准，在中国（上海）自由贸易试验区注册。上期能源的经营范围包括组织安排原油、天然气、石化产品等能源类衍生品上市交易、结算和交割，制定业务管理规则。与境内已有的其他四家期货交易所相比，其最大的特点就是对外开放的“国际化”——国外投资者也可在此进行期货交易。

2018 年 3 月 26 日，我国境内第一个国际化期货品种——原油期货正式在上海国际能源交易中心上市交易。2019 年 7 月 5 日，中国证监会又批准了上海国际能源交易中心开展 20 号胶期货交易。

4. 大连商品交易所

大连商品交易所（以下简称大商所）最初成立于 1993 年 2 月 28 日，并于同年 11 月 18 日开始营业。1998 年，根据国务院进一步整顿规范期货市场的要求，被重新确立为当时直接隶属中国证监会管理的全国三家期货交易所之一。

大连商品交易所位于大连市会展路。截至 2019 年，已上市玉米、玉米淀粉、黄大豆 1 号、黄大豆 2 号、豆粕、豆油、棕榈油、鸡蛋、纤维板、胶合板、粳米、线型低密度聚乙烯、聚氯乙烯、聚丙烯、乙二醇、焦炭、焦煤、铁矿石、苯乙烯共计 19 个期货品种和豆粕、玉米、铁矿石 3 个期权品种，并推出了棕榈油、豆粕、玉米、焦炭、焦煤和铁矿石等 16 个期货品种和 3 个期权品种的夜盘交易。2018 年 5 月，铁矿石期货引入境外交易者业务正式实施；2018 年 12 月，商品互换业务正式上线。目前，大连商品交易所拥有会员单位 165 家，指定交割库 327 个。

2018 年，大商所期货年成交量和成交额分别达到 9.69 亿手（单边，下同）和 52.19 万亿元，豆粕期权全年成交量和成交额分别达到 1 252.16 万手和 92.66 亿元。根据美国期货业协会（FIA）公布的全球主要衍生品交易所成交量排名，2018 年大商所在全球排名第 12 位，是全球最大的农产品、塑料、煤炭、铁矿石期货市场。

5. 郑州商品交易所

郑州商品交易所（以下简称郑商所）始建于 1990 年 10 月，当时开展的是远期现货交易，1993 年 5 月 28 日正式推出标准化期货合约交易。1998 年，根据国务院进一步整顿规范期货市场的要求，被重新确立为当时直接隶属中国证监会管理的全国三家期货交易所之一。

郑州商品交易所位于郑州市郑东新区商务外环路。截至 2019 年，共有场内会员 164 家，指定交割仓（厂）库 292 家，指定保证金存管银行 14 家。

目前郑商所上市交易普通小麦、优质强筋小麦、早籼稻、晚籼稻、粳稻、棉花、棉纱、油菜籽、菜籽油、菜籽粕、白糖、苹果、红枣、动力煤、甲醇、精对苯二甲酸（PTA）、玻璃、硅铁、锰硅、尿素、纯碱 21 个期货品种和白糖、棉花、PTA、甲醇、菜籽粕 5 个期权品种。

郑商所期货期权品种范围覆盖粮、棉、油、糖、果和能源、化工、纺织、冶金、建材等多个国民经济重要领域。

PTA、甲醇、菜籽粕、铁矿石和黄金是重要的大宗商品。相关期货合约上市以来，市场运行总体平稳，产业客户参与广泛，功能发挥较为显著。上市相应期权品种，可进一步满足实体企业个性化和精细化风险管理需求，降低套保成本。

6. 中国金融期货交易所

中国金融期货交易所（以下简称中金所）是经国务院同意，中国证监会批准设立的，专门从事金融期货、期权等金融衍生品交易与结算的公司制交易所。中金所由上海期货交易所、郑州商品交易所、大连商品交易所、上海证券交易所和深圳证券交易所共同发起，于2006年9月8日在上海正式挂牌成立，但直至2010年4月16日，首个金融期货品种——沪深300股指期货才开始交易。

中金所按照“高标准、稳起步”的原则，积极推动金融期货新品种的上市，努力完善权益、利率、外汇三条产品线，满足投资者多样化风险管理需求。目前中金所上市品种有沪深300国债期货、中证500股指期货、上证50股指期货、沪深300股指期权、2年期国债期货、5年期国债期货、10年期国债期货。

中金所实行会员分级结算制度，会员分为结算会员和交易会员。结算会员按照业务范围分为交易结算会员、全面结算会员和特别结算会员。截至2019年4月，中金所共有会员147家。

7. 结算机构

大家知道，逐日结算是期货交易的重要制度。交易所的会员在交易所进行交易之前，必须先有一笔保证金存在那里，每日交易结束后，交易所都会对会员的资金、头寸进行结算并划拨资金。在我国，四大期货交易所内部都设有专门的结算部门，由于它只是交易所的一个部门，它是代表交易所的。这种结算体制的实质是交易所直接对会员结算（中金所只对全面结算会员及交易结算会员进行结算，交易会员通过全面结算会员进行）。国际上，还有另外一种结算体制，那就是交易所将结算业务委托给独立的结算机构进行，形成交易所与结算机构分离的状况。交易所会员如果是结算机构的会员，则称为结算会员；如果不是结算机构的会员，则称为非结算会员。非结算会员的结算业务必须通过结算会员才能进行。乍一看，这种结算方式似乎增加了环节，但实际上，当多家交易所同时将结算业务委托给一家结算机构时，其好处就显现出来了。结算机构对结算会员（多家交易所的会员）的资金、头寸及风险进行综合计算，一是有利于降低系统风险；二是提高了会员的资金使用效率。

8. 结算银行、交割仓库及信息公司

银行的作用大家都知道，但对于期货业而言，有一些银行的关系显得更密切，那就是结算银行。结算银行是指交易所指定的、协助交易所办理期货交易结算业务的银行。在期货交易中，由于资金往来非常频繁，如果交易所和会员的资金不在同一银行，势必影响资金划拨的效率。为此，交易所规定，交易所在各结算银行开设一个专用的结算账户，用于存放会员的保证金及相关款项。会员须在结算银行开设专用资金账户，用于存放保证金及相关款项。交易所与会员之间期货业务资金的往来结算通过交易所专用结算账户和会员专用资金账户办理。通过这种方法实现无障碍结算。

期货交割仓库是由交易所指定的独立法人。交易所根据交割物的特性和地域分布情况按照一定的程序选择交割仓库，选定之后，还必须与定点交割仓库签订协议，明确各自的权利义务。各交易所都制定了《指定交割仓库管理办法》，按照《指定交割仓库管理办法》对指定交割仓库进行管理。

期货交易中，信息的重要性是不言而喻的。交易者要进行期货交易，自然离不开期货行情。交易者看到的行情来自何方，大家都会想到交易所，然而，每个交易所都只能提供与自己有关的信息，交易者之所以能在一个屏幕上看到所有交易所的行情，信息公司起了重要的作用。

目前，在国内，提供期货信息服务的公司有多家，比如文华财经资讯股份有限公司、上海澎博财经资讯有限公司、布隆伯格及路透公司等都是这种类型的公司。这些信息公司通过各种方式收集行情信息，然后提供给信息使用者。当然，使用者获得信息是要付费的。行情信息传输流程见图2。

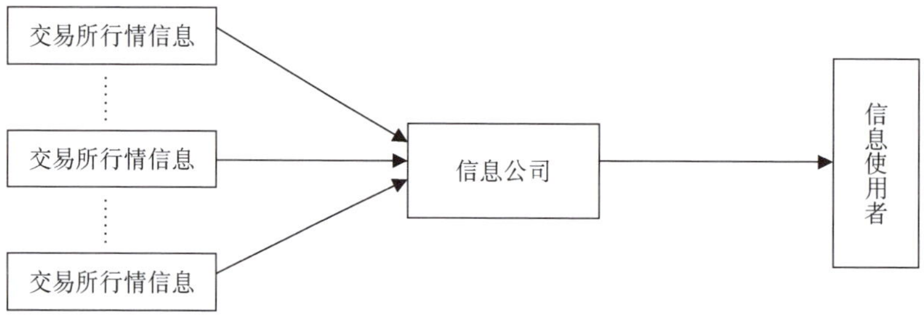

图 2　行情信息传输流程

行情信息传输流程图显示：第一步，信息公司从交易所那里获得行情信息转发权，当然，信息公司也是需要花钱的；第二步，信息公司通过软件制作，对这些行情信息进行加工，使其转化为交易者需要的各种信息产品，当然，这些产品中不仅有行情信息，还包括收集到的大量咨询性信息；第三步，信息公司再将这些信息产品出售给信息使用者。比如，对期货公司而言，为了给交易者提供行情信息，期货公司就必须花钱从信息公司那里购买信息产品。

9. 期货公司

进行期货交易的投资者有很多，不可能都直接进入期货交易所进行交易。绝大多数的交易者都是通过期货公司的代理进行交易的。因而，期货公司实际上就是期货交易的中介机构，其作用相当于证券交易中的证券公司。

作为期货交易所的代理会员，期货公司主要经纪业务职能为：

- 根据客户指令代理买卖期货合约、办理结算和交割手续。
- 对客户账户进行管理，控制客户交易风险。
- 为客户提供期货市场信息，进行期货交易咨询，充当客户的交易顾问。

期货公司在期货市场中的作用主要体现在以下几个方面：

- 期货公司接受客户委托代理期货交易，拓展市场参与者的范围，扩大市场的规模，节约交易成本，提高交易效率，增强期货市场竞争的充分性，有助于形成权威、有效的期货价格。期货交易者买卖指令传输示意图见图3。
- 期货公司有专门从事信息搜集及行情分析的人员为客户提供咨询服务，有助于提高客户交易的决策效率和决策的准确性。
- 期货公司拥有一套严密的风险控制制度，可以较为有效地控制客户的交易风险，实现期货交易风险在各环节的分散承担。

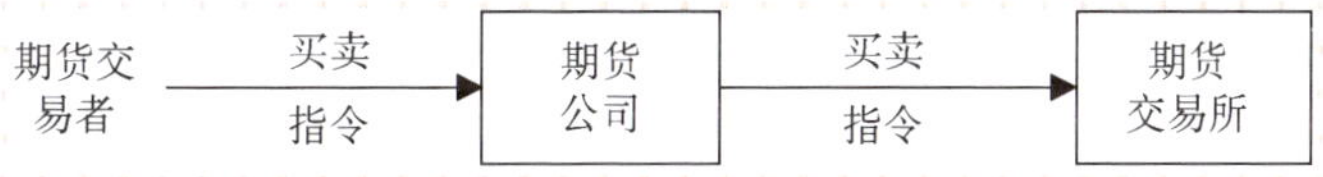

图3　期货交易者买卖指令传输示意图

10. 期货公司的设立与行为禁止

2017年3月1日，国务院颁布第四次修订的《期货交易管理条例》规定：期货公司业务实行许可制度，由国务院期货监督管理机构按照其商品期货、金融期货业务种类颁发许可证。期货公司除可以申请经营境内期货经纪业务外，还可以申请经营境外期货经纪、期货投资咨询以及国务院期货监督管理机构规定的其他期货业务。

期货公司的设立必须经中国证监会批准。基本条件是：符合《中华人民共和国公司法》的规定；符合法律、行政法规规定的公司章程；有合格的经营场所和业务设施；注册资本在人民币 3 000 万元以上；主要股东以及实际控制人具有持续盈利能力，信誉良好，最近 3 年无重大违法违规记录；董事、监事、高级管理人员具备任职条件，从业人员具有期货从业资格；有健全的风险管理和内部控制制度。目前，我国经中国证监会批准的期货公司有 140 多家。

期货公司不得从事与期货业务无关的活动，法律、行政法规或者国务院期货监督管理机构另有规定的除外。

期货公司不得从事或者变相从事期货自营业务。

期货公司不得为其股东、实际控制人或者其他关联人提供融资，不得对外担保。

2019 年 6 月 4 日，中国证监会修订公布了新的《期货公司监督管理办法》。该办法对“期货公司的设立、变更与业务终止”“期货公司的治理”“期货公司的业务规则”“客户资产保护”“信息系统管理”“监督管理”以及“法律责任”都做出了详尽的规定。

11. 有点另类的自营会员

期货交易所的会员有两类，一类是上面所说的期货公司。按现行规定，期货公司自己不能从事期货交易，即不能从事自营业务。另一类就是自营会员。按现行规定，自营会员只能从事自营业务，不能从事代理业务。显然，自营会员实际上就是可以不通过期货公司代理而自己直接进场进行期货交易的投资者，可以说是一类比较特殊的投资者。通常，这些会员都有与期货交易所的交易品种直接相关的业务，而且其业务量也比较大。比如，云南农垦是上海期货交易所的自营会员，因为其是国内天然橡胶生产的大户，与上期所交易的天胶品种密切相关。又如，中粮集团既是大商所也是郑商所的自营会员，因为这两个交易所都以农产品交易为主，与中粮集团的业务密切相关。

12. 期货从业人员

为了加强对期货从业人员资格的管理，中国证监会在 2007 年 7 月 4 日发布了修订后的《期货从业人员资格管理办法》。《期货从业人员资格管理办法》规定，未取得从业资格的人员，不得在从事期货经营业务的机构中开展期货业务活动。

哪些人必须取得期货从业人员资格？怎样取得资格？谁对期货从业人员的资格进行管理？交易者如何查询某人是否具有期货从业资格？

先看第一个问题，《期货从业人员资格管理办法》第四条规定，从业人员为：

（1）期货公司的管理人员和专业人员；

（2）期货交易所的非期货公司结算会员中从事期货结算业务的管理人员和专业人员；

（3）期货投资咨询机构中从事期货投资咨询业务的管理人员和专业人员；

（4）为期货公司提供中间介绍业务的机构中从事期货经营业务的管理人员和专业人员；

（5）中国证监会规定的其他人员。

针对第二个问题，《期货从业人员资格管理办法》第八条规定，通过从业资格考试的，取得中国期货业协会颁发的从业资格考试合格证明。

第九条规定，取得从业资格考试合格证明的人员从事期货业务的，应当事先通过其所在机构向中国期货业协会申请从业资格。

针对第三个问题，《期货从业人员资格管理办法》第五条规定，中国证监会及其派出机构依法对期货从业人员进行监督管理。中国期货业协会依法对期货从业人员实行自律管理，负责从业资格的认定、管理及撤销。

第六条规定，由中国期货业协会负责组织从业资格考试。

对于最后一个查询问题，《期货从业人员资格管理办法》第二十一条规定，中国期货业协会应当建立期货从业人员信息数据库，公示并且及时更新从业资格注册、诚信记录等信息。

《期货公司监督管理办法》第五十八条规定，期货公司应当提供从业人员资格证书等资料供客户查阅，并在本公司网站和营业场所提示客户可以通过中国期货业协会网站查询。

13. 期货公司董事、监事和高管人员的管理

中国证监会在 2007 年 7 月 4 日发布了《期货公司董事、监事和高级管理人员任职资格管理办法》。

《期货公司董事、监事和高级管理人员任职资格管理办法》第三条规定，期货公司董事、监事和高级管理人员应当在任职前取得中国证监会核准的任职资格。期货公司不得任用未取得任职资格的人员担任董事、监事和高级管理人员。

期货公司的高级管理人员，是指期货公司的总经理、副总经理、首席风险官（以下简称经理层人员），财务负责人、营业部负责人以及实际履行上述职务的人员。

《期货公司董事、监事和高级管理人员任职资格管理办法》对期货公司董事、监事和高级管理人员的任职资格条件、任职资格的申请与核准、行为规则、监督管理、法律责任分别做出了详细的规定。同样，交易者可以通过中国期货业协会的网站查询该公司所有的董事、监事和高级管理人员获得现任资格的时间。

14. 券商 IB（Introducing Broker）制度

2003 年颁布的《最高人民法院关于审理期货纠纷案件若干问题的规定》中提到："公民、法人受期货公司或者客户的委托，作为居间人为其提供订约

的机会或者订立期货经纪合同的中介服务的，期货公司或者客户应当按照约定向居间人支付报酬。居间人应当独立承担基于居间经纪关系所产生的民事责任”。按照其定义，居间人是“受期货公司或者客户的委托”，“为其提供订约的机会或者订立期货经纪合同的中介服务的”公民、法人，相当于欧美期货市场上的“介绍经纪人（Introducing Broker，简称 IB）”。

2006 年 9 月 8 日，中国金融期货交易所在上海挂牌成立，挂牌交易品种为沪深 300 股指期货。很多证券公司的客户希望参与股指期货交易，但由于证券公司无法成为期货交易所的会员，这些客户无法实现就近开户交易的目的。考虑到这些实际问题，中国证监会于 2007 年 4 月 20 日发布了《证券公司为期货公司提供中间介绍业务试行办法》，2010 年 2 月 9 日，中国期货业协会和中国证券业协会联合发布了《证券公司为期货公司提供中间介绍业务协议指引（修订）》，对券商担任期货公司的介绍经纪人或期货交易辅助人的行为做出了相应的规范。

介绍经纪商是指为期货公司介绍投资者、协助期货公司办理投资者开户和下单，并收取一定费用的机构。由于期货市场的很多投资者来自证券市场，在我国期货市场中，介绍经纪商主要由证券公司营业部担任，他们拥有大量的投资者资源。因为政策规定证券公司所属营业部本身不能直接从事期货经纪业务，所以只能作为 IB（介绍商）来参与，受期货公司委托，为投资者从事期货交易提供以下中间服务：一是招揽股指期货投资者；二是协助办理有关开户手续；三是为投资者下单交易提供便利设施；四是协助期货公司向投资者发送追加保证金通知书和结算单等。

为了防范风险，监管层规定，作为 IB 的证券公司所属营业部不得办理期货保证金业务，不承担期货交易的代理、结算和风险控制等职责（这些职责都由与其相关联的期货公司来承担），只是寻找愿意做期货的客户并介绍给期货公司，成为期货公司的客户，并从中收取介绍佣金。

IB 业务搭建的是券商与期货公司间的业务合作关系。为期货公司提供中间介绍等业务的券商，应当取得中国证监会批准的 IB 业务资格。不是所有的证券公司都能取得 IB 业务资格，都能从事 IB 业务。目前，要申请 IB 业务资格，证券公司必须满足多项条件，其中包括净资本不低于 12 亿元；各项风险控制指标符合规定标准；已建立客户交易结算资金第三方存管制度；全资拥有或者控股一家期货公司，或者与一家期货公司被同一机构控制。同时，根据规定，证券公司只能接受其全资拥有或者控股的或者被同一机构控制的期货公司的委托从事介绍业务，不能接受其他期货公司的委托从事介绍业务。因此，目前 IB 业务呈现“一对一”的格局。

在期货市场上还存在另一个特殊群体——期货居间人。从字面上解释，这里的“居间”是指为期货公司和客户两者做期货业务“牵线搭桥”的人。按照法律上的理解，期货居间人就是为投资者或期货公司介绍订约或提供订约机会的个人或法人。其主要作用是在投资者与期货公司订立经纪合同时起媒介作用。所以，期货居间人既不是公司员工，也不是公司的客户。期货居间人不拿工资，与期货公司没有隶属关系，但是给期货公司拉客户，以期获得手续费提成。

15. 期货交易者

所有建立期货交易账户、参与期货合约买卖的人，都是期货交易者。作为交易所的自营会员，其交易账户是直接在期货交易所开户并由交易所直接管理的，而其他交易者，其交易账户的开设是通过期货公司进行并由期货公司管理的。

如果按参与期货交易的目的来划分，期货市场的交易者可分为两类：一类是规避现货经营风险的套期保值商；另一类是以赚取价差利润为目的的投机者。

所谓套期保值，是指交易者因担心现货资产价格变动引发的风险而在期货市场上做一方向相反的买卖，将现货资产价格变动的风险“对冲”掉，从而实现锁定现货资产价格的目的。

套期保值可分为买入套期保值和卖出套期保值两种。买入套期保值，是指交易者先在期货市场买入期货，目的是为了防止将来在现货市场上采购相关的现货时因价格上涨而造成损失。比如，对于生产企业而言，其担心日后所需采购的原材料价格上涨，于是在期货市场做买入套保，如果现货市场的价格上涨了，期货价格通常也会上涨，就可以以期货市场的盈利来弥补现货市场的损失，使采购成本固定在原先的水平上。如果出现相反的情形，即期现货两个市场的价格都跌了，则买入套期保值者在期货市场上是亏损的，但由于现货价格也跌了，两者相抵，采购价格仍旧固定在原先的预计水平上。

卖出套期保值，是指交易者先在期货市场卖出期货，目的是为了防止将来在现货市场上卖出相关货物时因价格下跌而造成损失。比如，对生产企业而言，其担心日后所需销售的产品价格下跌，这时在期货市场上卖出套保，相当于提前以相对确定的价格卖出了货物。

投机者的交易目的与套期保值者正好相反。如果说后者因为厌恶价格波动风险而进行期货交易，那么投机者喜欢的就是价格波动风险。投机者希望通过价格波动获取利润。当然，获利只是希望，实际交易中做错了只会收获亏损，而这亏损就是投机者所冒的风险。

套利交易者也是投机者，套利交易是针对市场上两个相同或相关资产暂时出现的不合理价差，同时进行买低卖高的交易。比如，8 月的期铜价格比 7 月期铜价格高 300 元/吨时，交易者就会认为这一价差不合理，并认定价差将会回到 100 元/吨左右。于是，同时买 7 月合约卖 8 月合约。一段时间后，价差果然缩小至 100 元/吨，该交易者同时卖 7 月合约买 8 月合约平仓，获得 200 元/吨的套利利润。不难明白，与纯粹的单向投机交易相比，套利交易也有可能亏损，但亏损额不会很大。同样，如果有利润，也无法与单向的投机交易相比。因此，套利交易是一种风险较小但获利能力也较小的投机交易。

投机交易者是期货市场中的活跃力量，他们通过对价格的预测，积极地参与买空卖空活动，不仅增加了交易次数，还提高了市场流动性，使套期保值者的交易目的更容易实现。

16. 中国证监会

国务院在《期货交易管理条例》中规定，中国证券监督管理委员会对期货市场实行集中统一的监督管理。显然，中国证监会是经政府授权的法定监管部门，履行的是法定监管职责。

在中国证监会内部，专门设有期货监管部，该部门是中国证监会对期货市场进行监督管理的职能部门。主要职责有：草拟监管期货市场的规则、实施细则；审核期货交易所的设立、章程、业务规则、上市期货合约并监管其业务活动；审核期货经营机构、期货清算机构、期货投资咨询机构的设立及从事期货业务的资格并监管其业务活动；审核期货经营机构、期货清算机构、期货投资咨询机构高级管理人员的任职资格并监管其业务活动；分析境内期货交易行情，研究境内外期货市场；审核境内机构从事境外期货业务的资格并监督其境外期货业务活动。期货监管部下设综合处、交易所监管处、经纪公司监管处、境外期货监管处和市场分析处五个部门。

17. 中国期货业协会

中国期货业协会（以下简称协会）成立于2000年12月29日，是根据《社会团体登记管理条例》成立的全国期货行业自律性组织，为非营利性的社会团体法人。协会的注册地和常设机构设在北京。协会接受中国证券监督管理委员会和社团登记管理机关中华人民共和国民政部的业务指导和监督管理。

会员大会是协会的最高权力机构，会员大会由理事会组织召开，每四年举行一次。理事会是会员大会的执行机构，在会员大会闭会期间领导协会开展日常工作，对会员大会负责。理事会每年至少召开一次会议。理事会由普通会员理事、特别会员理事、非会员理事组成。理事任期四年，可连选连任。

协会设立专业委员会、专项基金管理委员会，按照理事会的授权开展工作。

协会设会长一名，专职副会长若干名，兼职副会长若干名，秘书长一名，副秘书长若干名。协会会长、副会长、秘书长任期四年。未经中国证监会和民政部批准，会长、副会长连任不得超过两届。会长为协会法定代表人。协会设会长办公会，由会长、专职副会长、秘书长、副秘书长以及会长指定的其他人员组成。目前协会常设办事机构设办公室（党委办公室）、纪检监察办公室、会员一部、会员二部、培训部、投资者教育部、研究部、创新支持部、自律监察部、考试认证部、信息技术部 11 个部门。

协会宗旨：在国家对期货业实行集中统一监督管理的前提下，进行期货业自律管理；发挥政府与期货业间的桥梁和纽带作用，为会员服务，维护会员的合法权益；坚持期货市场的公开、公平、公正，维护期货业的正当竞争秩序，保护投资者的合法权益，推动期货市场的规范发展。

协会主要职责：

- 教育和组织会员及期货从业人员遵守期货法律法规和政策。
- 制定和实施行业自律规则，监督、检查会员和期货从业人员的行为，对违反协会章程及自律规则的会员和期货从业人员给予纪律处分。
- 组织开展期货行业诚信建设，建立健全行业诚信评价制度和激励约束机制，进行诚信监督。
- 负责期货从业资格的认定、管理以及撤销工作，负责组织期货从业资格考试、期货公司高级管理人员资质测试及法律法规、中国证监会规范性文件授权的其他专业资格考试。
- 制定期货业行为准则、业务规范，推进行业廉洁从业文化建设，参与开展行业资信评级，参与拟订与期货相关的行业和技术标准。

- 开展投资者保护与教育工作，督促会员加强期货及衍生品市场投资者合法权益的保护。
- 受理投资者与期货业务有关的投诉，对会员之间、会员与投资者之间发生的纠纷进行调解。
- 为会员服务，依法维护会员的合法权益，积极向中国证监会及国家有关部门反映会员在经营活动中的问题、建议和要求。引导和推动行业服务实体经济，履行社会责任。
- 制定并实施期货人才发展战略，加强期货业人才队伍建设，对期货从业人员进行持续教育和业务培训。
- 设立专项基金，为期货业人才培养、投资者教育或其他特定事业提供资金支持。
- 开展行业网络安全与信息化自律管理，提高行业网络安全与信息化工作水平。
- 收集、整理期货相关信息，开展会员间的业务交流，组织会员对期货业的发展进行研究，对相关方针政策、法律法规提出建议，促进业务创新。
- 加强与新闻媒体的沟通与联系，开展期货市场宣传，经批准表彰或奖励行业内有突出贡献的会员和从业人员，组织开展业务竞赛和文化活动。
- 开展期货业的国际交流与合作，加入国际组织，推动相关资质互认。
- 依据自律规则对境内特定品种期货交易及相关业务活动和其他涉外业务实行行业自律管理。
- 法律法规规定、中国证监会委托以及会员大会决定的其他职责。

18. 中国期货市场监控中心

在我国改革开放后形成期货市场的初期阶段，由于缺乏相应的配套法规以及成立时间不久的监管部门缺乏监管经验，造成期货市场乱象频生，其中，期货公司挪用客户保证金的问题更是久治不愈的顽疾。尽管有关法律法规很早就明确规定期货公司不得挪用客户保证金，但由于监管手段仅限于年检和抽检，在无法实现及时了解期货公司动态信息的情况下，一些期货公司仍会采用“躲猫猫”方式与监管部门周旋。

2006 年 3 月，经国务院同意，中国证监会决定设立中国期货保证金监控中心。期货公司必须每日将公司自有资金账户、客户保证金账户以及每一位客户账户的相关数据传输至监控中心，同时，监控中心通过来自期货交易所的相关信息进行比对，终于实现了及时动态掌握期货公司资金变动的目标，杜绝了以往一些期货公司的小猫腻。

2015 年 4 月，中国期货保证金监控中心更名为中国期货市场监控中心有限责任公司，简称中国期货监控。中国期货监控股东单位有上海期货交易所、中国金融期货交易所、郑州商品交易所以及大连商品交易所，注册资本 13.65 亿元。

中国期货监控的业务接受中国证监会的指导、监督和管理，现主要职能是：

- 期货市场统一开户。
- 期货保证金安全监控。
- 为期货投资者提供交易结算信息查询。
- 期货市场运行监测监控。
- 宏观和产业分析研究。

- 期货中介机构监测监控。
- 代管期货投资者保障基金。
- 商品及其他指数的编制、发布。
- 为监管机构和期货交易所等提供信息服务。
- 期货市场调查。
- 协助风险公司处置。

中国期货监控依托数据大集中优势，从实名制开户、保证金监控、市场监控及期货经营机构监控等多个角度，对期货市场实施全方位监测，在及时防范期货市场的系统性风险和个体性风险方面发挥了重要作用，堪称国内期货市场和运行的“鹰眼”。

回头看看来时路——世界期货市场发展史

新中国成立之前，我国期货市场就曾出现过。在改革开放年代，在建设社会主义市场经济体系的过程中，我国又恢复了期货市场。中国期货市场梅开二度，是在世界期货市场蓬勃发展的背景下，向国外期货市场学习的结果。了解世界期货市场的发展史及发展趋势，将我国期货市场放在世界期货市场这个大背景下进行考察，不仅有助于我们了解整个期货市场的全貌，也能加深对我国期货市场的理解。

世界期货市场，最早从农产品交易开始起步，后来，又增加了金属及能源产品的品种，再后来，金融产品也成为期货交易的交易对象，后来又产生了许多另类的新型品种。与此同时，比期货交易方式更为灵活的期权交易也在期货市场崛起壮大，与期货交易方式共同构成了场内衍生品交易的两大主力军。

一部期货交易史，就是期货交易品种不断丰富、交易方式不断创新、交易规模不断扩大的历史。

1. 农产品期货交易

世界上最早开始期货交易的品种是农产品。在期货交易的早期历史中，农产品不仅是期货交易的当家品种，而且由于发展时间长，其家族成员也相当庞大。按照一般的划分，农产品期货可分为谷物类期货，如玉米、小麦、稻米、大豆（其副产品豆粕、豆油）等；经济作物类期货，如棉花、生丝、咖啡、可可、白糖、苹果等；畜禽类期货，如黄油、鸡蛋、生猪、活牛等；林产品类期货，如木材、天然橡胶、胶合板、纸浆等。

同样，我国境内期货市场在 20 世纪 90 年代初刚开始试点时，农产品自然成为各交易所的热选品种，红小豆、绿豆、高粱、粳稻等农产品一度成为当时期货市场上的当红品种，后来因各种风波事故先后被停止交易。

2. 世界上最早的农产品交易所

19 世纪 30 年代末，芝加哥还只是一个拥有几千人的小城市，但是由于地处美国的粮仓——五大湖地区，已成为全美最大的谷物集散地了。

农产品生产具有周期性和季节性特点，在农产品的收获季节，供大于求的局面往往导致价格大幅下跌，农场主被迫降低价格销售，甚至大幅降价后仍然卖不掉。而在青黄不接时期，由于供给短缺，农产品价格又会大幅上涨。再加上当时交通不便，不能在空间上缓解地区供求矛盾；仓库稀缺，不能在时间上缓解不同时期的供求矛盾；信息传播条件有限（当时没有收音机，没有电视机，连电话也没被发明出来），交易商的信息搜索成本非常大。种种不利条件更加剧了谷物价格波动的幅度。剧烈的价格波动风险使所有农场主、农产品贸易商、加工商都感到头痛。

为了解决这些问题，1848 年，82 位商人（农场主、农产品贸易商和加工商）自动发起设立了芝加哥谷物交易所，即现在芝加哥期货交易所（Chicago Board of Trade，简称 CBOT）的前身。

芝加哥谷物交易所成立之初，主要是改进运输和储存条件，同时为会员提供价格信息等服务。1851 年，交易所引进现货远期合约交易。为了推动谷物交易的正规化，减少交易者之间的纠纷，简化交易手续，1865 年，芝加哥交易所推出了标准化合约，以取代原有的现货远期合约。标准化合约的诞生，标志着现代意义上的期货交易及其基本交易原则已在芝加哥交易所内萌芽。同年 5 月，芝加哥谷物交易所又开始推行履约保证金制度。1882 年，芝加哥谷物交易所允许交易者以对冲方式免除履约责任，方便了投机者进行交易，使交易的流动性大大提高。1883 年，芝加哥谷物交易所又成立了结算协会。结算体系的出现，标志着现代意义上的期货交易终于成形。1925 年，芝加哥交易所结算公司成立后，规定所有在交易所内达成的交易都必须在结算公司进行结算，进一步规范了期货交易行为，推动了期货交易的完善与发展。

CBOT 成立并开展期货交易后，解决了长期困扰农产品交易商们的难题，因而大受欢迎，交易业务日趋繁荣。在 CBOT 获得成功的启示下，美国各地掀起了举办农产品期货交易所的热潮。芝加哥商业交易所（CME）、纽约咖啡交易所、堪萨斯期货交易所、中美洲商品交易所、明尼阿波利斯谷物交易所、纽约棉花交易所、纽约商品交易所等先后在 19 世纪下半叶成立。而且，这种交易方式又进一步扩散到了世界各地。期货交易的普及，也使期货交易的作用和功能被人们逐渐认识。

3. 金属期货交易

伦敦金属交易所（LME）是世界上影响最大且最早进行金属交易的期货交易所。伦敦金属交易所上市的品种有铜、锡、铅、锌、铝、镍、白银等。美国的金属期货交易起步晚于英国，具有代表性的是成立于 1933 年的纽约商品交易所（COMEX）。纽约商品交易所目前上市的金属品种有黄金、白银、铜、铝等。1974 年纽约商品交易所上市的黄金期货在国际市场上有一定影响。我国在 1993 年开始期货交易试点时，也推出了金属期货交易。目前，上海期货交易所上市的铜、铝、锌、铅、镍、锡、黄金、白银、螺纹钢、线材、热轧卷板、不锈钢品种都属于金属期货。值得注意的是，2012 年，伦敦金属交易所这个世界上最大的金属交易所已被我国的香港交易所收购，成为我国香港交易所的全资子公司，小伙伴们，意外不意外?!

小贴士

世界上最早的金属期货交易

美国期货市场的诞生，引起了当时的世界第一强国——英国的关注。作为当时工业化革命的领导者，英国同样经历着商品价格不确定性造成的市场经营风险，只不过英国经历的主要是工业品原材料，特别是铜、铝、锡等有色金属价格大幅波动导致的企业经营风险。

英国在工业革命之后，国力迅速上升。1860 年，英国制造业在世界经济总量的占比高达 19.9%，成为世界经济史上第一个被称为“世界工厂”的国家。制造业的高度发达，使英国对各种工业原料有着庞大的需求量。大量的金属原料来自南美、非洲和远东地区。在当时的条件下，穿越大洋运输铜和锡有很大的风险：一些货物可能会误期到达，还有一些则可能根本不会到达。“未来到货”市场的兴起，使得商人们着眼于预约价格，而预约价格的得出则来自商人们对可能的到货期和届时用户需求的判断与估计。

1876 年 12 月，伦敦金属交易所有限公司作为最初的伦敦金属交易所（LME）正式成立。尽管当时还没有正式的标准合约，但已经确定了以智利铜棒、马来西亚和新加坡的锡分别作为铜和锡的基准级别，并以 3 个月作为远期合同的交货期（从圣地亚哥和新加坡到英国的航行时间大约为 3 个月）。1899 年，铜和锡的交易开始采用现在交易的方式，即分上下午两场，每场又分为两轮交易。由于交易所禁止在正式交易时间结束后的场内交易，而正式交易的时间又太短，满足不了交易商们的需求，于是一些商人便在正式交易时间结束后跑到大楼外面的街上继续进行交易。而在街上交易的喧嚷声又引起了警方的干预。交易所随后便允许交易商们在正式交易时间结束后，继续在场内进行非正式交易，由此引出“场外交易”（KerbDealing）这个名词，并一直沿用至今。

4. 能源期货交易

能源期货交易尽管产生较晚，但非常活跃。据全球期货协会（FIA）统计，2016～2018 年，全球能源期货年度交易量一直领先于农产品期货、非贵金属期货及贵金属期货，成为交易量最大的商品期货。

目前，在世界上影响较大的能源产品交易所有纽约商业交易所（NYMEX）和伦敦洲际交易所（ICE，其前身为 1981 年成立的伦敦国际石油交易所 IPE）。纽约商业交易所的上市品种有布伦特原油、轻质原油、燃料油、天然气、无铅汽油、瓦斯油等，伦敦洲际交易所的上市品种有布伦特原油、天然气和燃气油（Gasoil）等。

此外，莫斯科交易所、印度多品种商品交易所、东京商品交易所等也先后推出了原油能源期货交易。

值得注意的是，尽管我国境内期货市场 2018 年才由上海国际能源交易中心推出原油期货交易，但在石油制成品及煤炭能源产品的开拓方面取得了不小的成绩，其中很多品种属于全球首创，独此一家。早在 2004 年，上海期货交易所就推出了燃料油期货，2013 年又推出了石油沥青期货。郑州商品交易所于 2006 年推出精对苯二甲酸期货，2011 年推出甲醇期货。2007 年大连商品交易所推出线型低密度聚乙烯期货，2009 年推出聚氯乙烯期货，2014 年推出聚丙烯期货，2018 年推出乙二醇期货，2019 年推出苯乙烯期货，这些品种实际上也都是石油加工产品。

在煤炭能源方面，大连商品交易所分别于 2011 年和 2013 年推出焦炭期货和焦煤期货，郑州商品交易所于 2013 年推出动力煤期货。

小贴士

世界上最早的能源期货交易

石油期货的产生也是价格波动的放大导致的。1973 年以前，尽管美国、欧洲和日本的石油供应很大一部分来自中东地区，但由于那些产油国的政治经济力量都比较弱小。国际油价实际上是控制在以美国为首的一些发达国家手中。当时，以固定价格为主的长期合同一签就是若干年。油价几乎没有短期变化，国际石油市场一直处于比较平稳的状态。

1973 年，中东产油国政府从各大石油公司手中将石油开采、销售权收归国有。当年 10 月，第四次中东战争爆发。为打击以色列及其支持者，石油输出国组织的阿拉伯成员国当年 12 月宣布将其基准原油价格从每桶 3.011 美元提高到 10.651 美元，使油价猛然上涨了 2 倍多，从而触发了第二次世界大战之后最严重的全球经济危机。1978 年底，世界第二大石油出口国伊朗的政局发生剧烈变化，石油产量受到影响，从每天 580 万桶骤降到 100 万桶以下，打破了当时全球原油市场上供求关系的脆弱平衡。油价在 1979 年开始暴涨，从每桶 13 美元猛增至 34 美元，导致了第二次石油危机的出现。

第二次石油危机给世界石油市场带来了巨大冲击，石油等能源产品价格剧烈波动。这种背景导致了石油等能源期货的产生。1974 年，纽约商业交易所（NYMEX）在年轻的主席迈克尔·马克（Michel Mark）的领导下，尝试推出了交割地为鹿特丹的燃油期货。1978 年，纽约商业交易所又推出了以纽约港为基准的二号取暖用油期货，由此决定了美国在北部地区后来逐渐发展到海湾地区的石油产品的价格。

5. 大器晚成的金融期货

金融期货是指以金融工具或金融产品作为标的物的期货交易。由于其标的物不是传统的实物商品，而是外汇、债券、股票及股票指数这些金融工具或金融产品，故称之为金融期货。同时，将以往的农产品、金属产品、能源产品等有形产品作标的物的期货交易称为商品期货。

金融期货诞生之前，尽管期货交易在世界上已经存在了 100 多年，但实际上社会地位并不高。在外界看来，期货交易只是一个由一帮买卖粮食、洋葱、猪腩的商人以及投机分子组成的小圈子。交易所内的人争斗不断，一片混乱，时不时爆出一些丑闻。你知道现在高大上的芝加哥商业交易所（CME）在20世纪50年代时有一个什么绰号吗？——“老城内的妓院”。你若跟别人说这个圈子也算金融行业，肯定会被人笑掉大牙。

从有形商品为期货对象跨越到无形的金融产品为期货对象，这一跨界给期货业带来的变化可说是一场革命。重塑金身后的期货业，以焕然一新的面貌翻开了新的篇章。

1983年，被誉为“金融期货之父”的利奥·梅拉梅德在《期货的未来》一书中回顾道：

我们的市场，自久远以来就是农业独特专有的领地，然而这个市场一夜之间竟仿佛变为一整套金融业运行的系统；我们的市场，100年来一直严格地局限在有形的、可储藏的产品领域，突然间抛掉了所有的这些基础要求，迎来了牲畜、外汇、政府债券和股票指数；我们的市场，公认的势力范围不能越过证券领域半步，却堂而皇之地推出相应产品，将传承已久的界定一概抹杀；我们的市场，出生时就决定了其实物交割的命运，现在却打破了基因密码，生成了无须实物交割的产品；我们的市场，昨天还为人不屑、不敬，今天却已然成为金融家族中不可或缺的成员。

1990年诺贝尔经济学奖得主默顿·米勒将金融期货的产生誉为“过去30年中金融领域中最重要的创新”。

金融期货产生至今只有四十多年，其发展势头之猛，诞生后没几年便超越了商品期货。近十多年来，全球金融期货在全部期货交易中所占的比重经常维持在80%以上。金融期货的出现不仅改变了期货市场的格局，而且也推动了世界期货市场的空前发展。近二三十年，不少国家和地区新推出的期货交易，基本上都是以金融期货作为突破口。

金融期货由三大类组成，按其先后出现的次序，依次为外汇期货、利率期货及股指期货（包括股票期货）。

6. 布雷顿森林体系瓦解成就了外汇期货

第二次世界大战行将结束的1944年，西方主要工业化国家首脑在美国的布雷顿森林召开了会议，创建了国际货币基金组织。根据《布雷顿森林协议》，每一美元币值相当于1/35金衡盎司黄金含量，并规定各国的中央银行将本国的货币汇率与美元含金量挂钩，将汇率波动范围限制在上下各1%之内，这就是所谓的固定汇率制。固定汇率制对第二次世界大战战后世界经济的发展，特别是对西欧各国经济的复兴和国际货币金融秩序的相对稳定起了重要的作用。因为汇率波动极为有限，各经济主体的外汇风险自然有限，所以对外汇避险工具的需求不大。

然而到了20世纪60年代，随着美、英经济实力的相对下降和国际收支逆差日益增大，以及欧洲经济得到恢复和实力相对增强，固定汇率制度开始发生动摇。1967年，英格兰银行率先将英镑从1英镑兑换2.8美元贬值到2.4美元，给市场投下了一颗震撼弹，一时间，新闻报道中有关固定汇率与浮动汇率的讨论增多了，而著名经济学家弗里德曼（1976年诺贝尔经济学奖获得者）是力挺浮动汇率的。浮动汇率意味着什么，意味着波动，意味着需要市场。

美国的贸易逆差不断增大，联邦德国等欧洲先进工业国家积累了大量的美元外汇，由于害怕美国无法实现自由兑换的承诺，纷纷向美国挤兑黄金，造成美国黄金储备急剧减少。汇率问题越来越成为新闻热点，市场对布雷顿森林体系能撑多久的疑问越来越多。1969年开始担任芝加哥商业期货交易所（CME）理事长的利奥·梅拉梅德，一直憧憬着能推出全新的创新品种，对外汇期货格外上心。梅拉梅德相信，金融产品会有比农产品更为美好的未来。

1970年4月，纽约国际商业交易所捷足先登，开始推出货币期货合约，但货币期货合约很快就因为业务量太小等问题不得不被取消。这次失败与时机不成熟也有关系。尽管当时很多人都看出固定汇率行将就木，但毕竟美国一直在与各国协调，在固定汇率正式阵亡之前，汇率还是基本固定的，汇率波动并不大，市场的实际需求还未开启。

1971 年 8 月 15 日，尼克松总统宣布美国将不再遵守其保证用外国持有的美元兑换黄金的承诺。同年 11 月梅拉梅德专程拜访了弗里德曼。在推出外汇期货这个事情上，弗里德曼认为这是个有趣的富有想象力的想法，愉快地接受了梅拉梅德的要求，为芝加哥商业期货交易所写一篇关于推出外汇期货的必要性和可行性的文章。梅拉梅德为此付出了 5 000 美元的稿费。不久，弗里德曼的论文《货币需要期货市场》发表。12 月 18 日，“十国集团” 在美国签订《史密森协议》，宣布美元兑黄金贬值 7.89%，且汇率波动范围限制扩大到 2.25%。梅拉梅德在 12 月 20 日正式向世界宣布将建立外汇期货市场的计划，计划交易的合约有 7 种：英镑、加拿大元、德国马克、意大利里拉、日元、墨西哥比索和瑞士法郎。梅拉梅德当选为新建的国际货币市场分部（IMM）理事长。1972 年 5 月 16 日，国际货币市场正式开始运行，揭开了期货业历史上新的一页。

IMM 推出的外汇期货可谓是生逢其时，随后产生的经济动荡以及布雷顿森林体系正式崩溃，使外汇期货在市场上很快站稳了脚跟。IMM 在交易的第一天只有 320 份合约达成交易，到 1976 年，其日交易量已经达到 200 000 份，而到 1988 年就猛升到大约 2 500 万份。

小贴士

金融期货之父——梅拉梅德

利奥·梅拉梅德在 1932 年出生于波兰一个犹太人家庭，1941 年随家逃亡至美国。1955 年，梅拉梅德从芝加哥的法律学校毕业，成为一名律师。读书期间，他谋得一份兼职工作，替当时芝加哥商业交易所（CME）的理事长、美林场内经纪商西格尔“跑单”。1954 年，花费了 3 000 美元买了一个交易席位后，他成为交易所的会员。1965 年，梅拉梅德决定放弃律师职业，专注于期货事业。这个决定几乎遭到了全家的反对，尤其是他的父亲。在他们眼里，律师是一个很体面的职业，而一名期货交易所的交易员不过是一个赌徒而已。1967 年 1 月，梅拉梅德当选为 CME 的理事兼理事会秘书，两年后成为交易所的理事长。

成为理事长之后，梅拉梅德决心进行改革以扭转 CME 以往的不良风气。为此，他给自己设置了三个目标：重写并更新 CME 的章程；打击那些试图操纵市场的交易员来改变 CME 的形象；通过创建新市场使得交易所多元化。经过几年的努力，这些目标最终都得以实现。

1972 年 5 月 16 日，梅拉梅德创立的国际货币市场（IMM）成功推出外汇期货交易，也因此奠定了他在金融期货业的地位，被人们尊称为金融期货之父。在他的领导下，CME 先后推出了多个金融衍生品工具，其中包括国债期货、欧洲美元期货等，并于 1982 年推出标准普尔 500 股指期货。1987 年，CME 率先建立全球电子交易系统 Globex，使芝加哥商业交易所成为美国最大的金融期货交易所。1993 年，梅拉梅德退任之后成为 CME 终身名誉主席和高级政策顾问。

此外，早在 1982 年，梅拉梅德还创立了第一个期货行业自律管理机构——国家期货协会（NFA），并在 1982 年至 1989 年连任该协会的会长。

7. 利率市场化浪潮的产物——利率期货

在布雷顿森林体系下，不但各国的汇率是相对固定的，在利率政策上也基本一致。然而，到了 20 世纪 70 年代，严重的经济滞涨局面以及布雷顿森林体系的最终崩溃，使各国的经济政策纷纷改弦更张。与放弃固定汇率制一样，利率不但不是管制的对象了，反而成为政府着意用来调控经济、干预汇率的一个工具。这场席卷全球的金融自由化浪潮，一方面促进了金融创新，导致金融市场空前繁荣，但另一方面，失去了管束的利率犹如脱缰野马，波动日益频繁而剧烈。例如，1974 年，美国优惠利率高达 14%，1976 年就下降为 6%，1979 年再度回升到 15.7%，1980 年 4 月和 12 月曾高达 20% 和

21.5%。利率的波动给企业和金融机构的生产经营带来了极大的风险。

1975 年 10 月，有着悠久历史的芝加哥期货交易所（CBOT）在美国政府有关机构的协助下，经过数年周密的调查研究后，推出了有史以来第一张利率期货合约——政府国民抵押协会抵押凭证（Government National Mortgage Association Certificates，简称 GNMA）期货合约，利率期货由此诞生。GNMA 期货合约交易推出后，交易清淡，最终退出历史舞台，但其开创了利率期货的先河。

不久以后，为了满足人们规避短期利率风险的需要，1976 年 1 月，芝加哥商业交易所（CME）的国际货币市场分部（IMM）在弗里德曼的倡议下，推出了 90 天期的美国国库券期货合约，并大获成功。在整个 70 年代后半期，该合约一直是交易最活跃的短期利率期货。

1977 年 8 月 22 日，美国长期国债期货合约在芝加哥期货交易所（CBOT）上市。该合约虽然在最初面世时交投并不活跃，但随着利率市场化的推进，国债期货在规避利率风险、促进价格发现等方面开始发挥积极作用，而美国长期国债信用等级高，流动性强，对利率变动的敏感度高，且交割简便，成为市场的首选品种，逐渐受到金融机构的青睐，呈现出快速的发展势头，一举成为世界上交易量最大的一个合约，大放异彩。规模庞大且交投活跃的长期国债期货市场，不仅为投资者进行套期保值交易、规避利率风险提供了工具，也为相关部门管理国债提供了便利。

自从有了国债期货以后，美国财政部发行新的长期国债时，也都会刻意选择在长期国债期货合约的交易日进行。1982 年 12 月 15 日，CBOT 理事会宣布，为了让会员和职员过好圣诞节，在 12 月 23 日结束国债期货交易。决定公布后，CBOT 的金融工具委员会马上向理事会申请，要求重新考虑这一休市事宜，因为美国财政部准备在 12 月 23 日发行新的 20 年国债。但似乎 CBOT 的理事们更想让他们的会员和职员过好圣诞节，这个申请没有被接受。为保证国债承销商能够运用国债期货进行套期保值，美国财政部主动发出公告，将 20 年期国债的发行时间从 12 月 23 日调整为 12 月 22 日。美国财政部的理由很简单：期货市场不开市，就没有保值的场所，政府不应该在这样的情况下推出新的国债。长期国债期货因此名噪一时，风头无二。

IMM 在 1981 年 12 月又推出了现金交割的 3 个月期的欧洲美元定期存款期货合约，很快就取代了美国短期国债期货合约而成为短期利率期货合约中的老大。欧洲美元定期存款期货比美国短期国债规模要大得多，市场接受程度更高。

继美国推出国债期货之后，其他国家和地区也纷纷以其本国的长期国债为目标，推出各自的长期国债期货。其中，比较成功的有英国、法国、德国、日本等。

我国境内的国债期货交易始于 1992 年 12 月由上海证券交易所推出的国库券交易。但是，1995 年 2 月爆发了“327 事件”，导致国债期货被全面暂停。这一停就是 18 年，直到 2013 年 9 月 6 日，中国金融期货交易所才推出 5 年期国债期货，随后在 2015 年和 2018 年又相继推出了 10 年期和 2 年期国债期货。

8. 20 世纪最伟大的金融创新——股指期货

诺贝尔经济学奖获得者、著名经济学家米勒认为，股指期货是“20 世纪 70 年代以来最伟大的金融创新”。

20 世纪 70 年代，西方国家的经济危机和金融动荡，不仅给外汇市场和利率市场带来了冲击，股票市场也是哀鸿一片。低迷的股市让投资者也期待有相应的避险工具。在外汇期货、利率期货等金融品种成功上市后，推出股票价格指数期货的呼声日渐高涨。芝加哥期货交易所、芝加哥商业交易所、堪萨斯期货交易所还有纽约期货交易所都在争取推出股指期货。堪萨斯期货交易所（KCBT）在 1977 年 10 月向美国商品期货交易委员会（CFTC）提交了开展股票指数期货交易的报告，并提议以道琼斯的“30 种工业股票”指数作为交易标的。由于道·琼斯公司的反对，KCBT 改而决定以 Arnold Bernhard & Company 的价值线指数（Value Line Index）作为期货合约的交易标的。

1979 年 4 月，KCBT 修改了给 CFTC 的报告，等待其核准。

尽管 CFTC 对此报告非常重视，然而，由于美国证券交易委员会（SEC）与 CFTC 在谁来监管股指期货这个问题上产生了分歧，造成无法决策的局面。1981 年，新任 CFTC 主席菲利浦·M. 约翰逊和新任 SEC 主席约翰·夏德达成“夏德－约翰逊协议”，明确规定股指期货合约的管辖权属于 CFTC。1982 年该协议在美国国会通过。同年 2 月，CFTC 按申请时间排序先批准了 KCBT 的报告。2 月 24 日，KCBT 推出了价值线指数期货合约交易。4 月 21 日，CME 也推出了 S&P500 股指期货交易，紧接着，NYFE 于 5 月 6 日推出了 NYSE 综合指数期货交易。

股指期货一诞生，就取得了空前的成功，价值线指数期货合约推出的当年就成交了 35 万张，标普 500（S&P500）股指期货的成交量则更大，达到 150 万张。1984 年，股票指数期货合约交易量已占美国所有期货合约交易量的 20% 以上，其中 S&P500 股指期货的交易量更是引人注目，成为世界上第二大金融期货合约。S&P500 指数在市场上的影响也因此急剧上升。

很可惜的事情是，在这场多家交易所争推股指期货的浪潮中，最负盛名的芝加哥期货交易所竟然完败。开始他们选择了道·琼斯工业平均指数为标的指数，然而被道·琼斯公司拒绝后，他们认为道·琼斯指数应该是市场公共资源，不需要道·琼斯公司的授权，决定硬闯，结果被道·琼斯公司告上了法庭并且败诉。

股指期货的成功，不仅大大促进了美国国内期货市场的规模，而且也引发了世界性的股指期货交易热潮。不但引起了国外一些已开设期货交易的交易所竞相仿效，纷纷开办其各具特色的股指期货交易，连一些从未开展期货交易的国家和地区也将股指期货作为开展期货交易的突破口。

我国境内的股指期货开始于 1993 年 3 月，当时的“海南证券交易中心”推出了“深圳综合指数”和“深圳 A 股指数”两种股指期货合约，但未得到国家相关部门批准，属于地方越权审批。1993 年 9 月初，深圳证券市场出现收市前 15 分钟大户联手打压股指行为，有关方面认为股指期货加大了市场投机性，国内尚不具备开设股指期货的条件，于是决定关闭。直至 2010 年 4 月 16 日，中国金融期货交易所才推出了境内第一只股指期货——沪深 300 股指期货，5 年后的 2015 年 4 月 16 日，中金所又推出“上证 50”和“中证 500”两个股指期货合约交易。

9. 股票期货的产生和发展

股票期货是以股票为标的物的期货合约。与股指期货一样，同样是由股票市场衍生出来的期货交易。两者的差别为：股票期货合约的对象是单一的股票，而股指期货合约的对象是代表一组股票价格的指数。因而，市场上通常将股票期货称为“个股期货”。

个股期货并非美国首创，这与美国当时的政策有关。1981 年，“夏德－约翰逊协议”在解决股指期货难题的同时，做出了禁止单一股票与狭基股票指数期货交易（所谓狭基股票指数，是指由 9 只或更少的股票组成的指数）的决定。然而，美国的禁止并不能捆住其他国家的手脚。从 20 世纪 80 年代末起，北欧一些交易所开始推出股票期货，之后陆续有 10 多家交易所推出了股票期货合约。其中主要有澳大利亚悉尼期货交易所、瑞典期货交易所（OM）、芬兰赫尔辛基交易所、英国伦敦国际金融期货期权交易所（LIFFE）等。在国际竞争的压力下，美国国会在 2000 年 12 月通过了《2000 年美国商品期货现代化法案》，取消了以往对证券期货、期权合约的禁止性规定。不久，芝加哥期权交易所（CBOE）、芝加哥商业交易所（CME）和芝加哥期货交易所（CBOT）就联合发起成立了一个名为 One Chicago 的新交易所，于 2002 年 11 月 8 日正式开始个股期货交易。

股票期货是近年来发展较快的一个期货品种，从最近十年的全球合约成交数据看，股票期货已成为仅次于股指期货的第二类金融品种。但值得注意的是，由于股票期货的合约规格通常都较小，仅从合约成交数量看，容易造成夸大的感觉。

我国的香港交易所和台湾期货交易所很早就推出了个股期货，但迄今为止我国境内还没有推出个股期货交易。

10. 另类期货产品

全球期货业协会（FIA）对全球期货相关数据进行统计时，通常将期货交易品种分为如下八个类别：农产品期货、（非贵）金属期货、贵金属期货、能源期货、利率期货、汇率期货、股指期货及个股期货。其中，前四个为商品期货，后四个为金融期货。这种分类法从产生后几十年内似乎一直很有效。比如，要判断天然橡胶属哪类，就要看它的源头，因为它是地里种出来的，自然归为农产品。然而，随着期货品种越来越多，出现了一些新颖品种，无法按以往分类方法为其找到归属类别的现象。比如，郑州商品交易所的精对苯二甲酸期货、甲醇期货，大连商品交易所的线型低密度聚乙烯期货、聚氯乙烯期货、聚丙烯期货等，它们都是石油加工产品。石油品种被归类为能源没问题，但这些石油加工产品并不是作为能源使用，将其归为能源期货似乎说不过去。对此，FIA 解决的办法是将这些无法归类的品种都归为“其他”一类。所谓的“其他”一类，实际上就是“另类”。

甲醇期货、聚丙烯期货这些品种之所以出现无法归类的情况，与 FIA 的分类设置过窄有关，如果不采用 FIA 的分类标准，将它们称为“能源化工”产品不就妥当了吗！

但是，近几十年来世界上又出现了一大批既不能归于商品又不能归于金融的新型期货交易品种，这些才是真正的“另类”！比如各种商品指数期货，如 CRB 指数期货、道琼斯 AIG 商品指数期货；又如各种与远洋运费相关的指数期货。还有与环保有关的各种期货，如澳大利亚的悉尼期货交易所（SFE）推出了全球第一张环保合约——地球大气层二氧化硫浓度期货合约；天气期货，如芝加哥商业交易所推出的热度日（Heating Degree Day—HDD）和冷度日（Cooling Degree Day—CDD）期货和期权。

小贴士

波罗的海干散货指数（BDI）

波罗的海航交所于1985年开始发布波罗的海运价指数（Baltic Freight Index，简称BFI）。该指数是由13条航线的租运价格指数构成，是按照各自在航运市场上的重要程度和所占比重构成的综合性指数，其运输货物以谷物、煤、矿砂、磷矿石、铝矾为主。1985年1月4日，该指数设立为1000点。

1999年9月1日，波罗的海交易所将BFI指数拆解成波罗的海海岬型指数（Baltic Capesize Index，简称BCI）和波罗的海巴拿马干货指数（Baltic Panamax Index，简称BPI）两个指数，与已设立的轻便型指数（Baltic Handymax Index，简称BHI）共同组成三大船型运价指数，指数构成的航线达24条。1999年11月1日，以BCI、BPI、BHI各三分之一权重产生的波罗的海干散货指数（Baltic Dry Index，简称BDI）取代了原来的BFI，由5国（美国、英国、挪威、意大利、日本）20家大型中介商针对数条重要航线，依其每日运价所编制。由于散装航运业营运状况与全球经济景气荣枯、原物料行情高低息息相关，波罗的海指数被认为是国际贸易情况的领先指数及经济晴雨表。

20世纪80年代末，百慕大国际期货交易所率先开发以波罗的海运费指数为基础的远洋运费指数期货，新加坡及美国多家交易所也推出了相应的期货交易。

11. 场内期权交易的开端

1973年前，非集中性的期权交易（主要是股票期权交易），即场外期权交易（OTC）在美国差不多已经存在了大半个世纪。但是，由于场外期权交易存在流动性差、成本高及很大的违约风险等缺陷，一直没有得到很好的发展。尽管投资者确实需要期权交易，期权交易也有着其他投资方式所无法替代的优点，但是，频频出现的违约情况，使得期权交易在公众心目中的形象越来越差。以至于在20世纪70年代以前，美国政府一度禁止进行期权交易。

1973年4月26日，芝加哥期货交易所（CBOT）出资成立了芝加哥期权交易所（CBOE）。CBOE开创了期权交易在场内集中交易的先例，使期权交易进入了完全统一化、标准化以及管理规范化的全面发展新阶段。由于期权交易合约标准化了，投资者进行交易时的信任程度便大大提高了。资料显示，CBOE在开张不久的1974年3月，一个月的成交量就超过了美国1972年全年场外交易（OTC）的成交量。市场的流动性大大增加，产生了良好的马太效应。一些原来在场外进行交易的交易商也纷纷改换门庭，OTC市场的交易量不断萎缩，业务越来越局限于那些交易期限较长、不大符合上市要求的期权品种了。

CBOE在股票期权交易上的成功，起到了极好的示范作用。1978年，英国伦敦证券交易所、荷兰的欧洲期权交易所也开始进行股票期权交易。

12. 期权交易已成为期货市场的有机组成部分

进入20世纪80年代，期权交易出现了新变化。一个趋势是期权交易在世界各国的期货交易所迅速扩展。从南北美洲的美国、加拿大、巴西、阿根廷到欧洲的法国、荷兰、德国、瑞士、芬兰、英国，一直到亚太地区的日本、新加坡、澳大利亚及中国香港等，都建立了期权交易所或推出了期权交易。另一个趋势是期权交易的对象逐渐扩展到其他品种上。70年代中期以后，英国伦敦金属交易所开始非正式地大量开展金属期权交易。1982年，加拿大蒙特利尔交易所引进外汇期权交易。尔后，澳大利亚的悉尼期货交易所开始了银行票据和带息证券期权（即利率期权）交易。1981年，美国解除了以往的期货交易所不得开展期权交易的禁令，拉开了将期权交易方式应用于其他传统农产品期货合约和金融期货合约的序幕。1982年，CME全面开展了股指期货期权等期权交易。同时，CBOT也成功地将期权交易方式应用于政府长期国债的合约买卖活动。期权交易对象的队伍迅速壮大，以至于现在的期权交易，再也不是仅仅以股票为对象了，而是包括了各种传统的实物商品（农产品、能源产品、金属产品等）与金融产品（股票、股指、外汇以及利率）。可以这么说，在当今世界上的期货交易所内，凡是具备一定交易规模的期货合约都有相应的期权合约，期权合约已成为相关期货合约的配套合约，期权交易已成为期货市场的有机组成部分。

期权交易双扩展局面的形成，使期权交易量增长迅猛。2000 年，全球场内期权交易的总量第一次超过了期货交易的总量，且这一势头持续了十多年，直到 2012 年才被扭转。全球期货交易量再次反超期权交易量的重要原因与我国有关，因为这几年我国境内期货交易量增长迅速，为全球期货交易量的增长做出了重要贡献。但是，我国境内的期权交易却始终是空白的，直到 2015 年，上海证券交易所才推出第一个期权产品，而期货交易所的商品期权直到 2017 年才开始试点，对全球期权交易量的贡献几乎可以忽略不计。2003 ~ 2018 年全球期货及期权成交量对比见图 4。

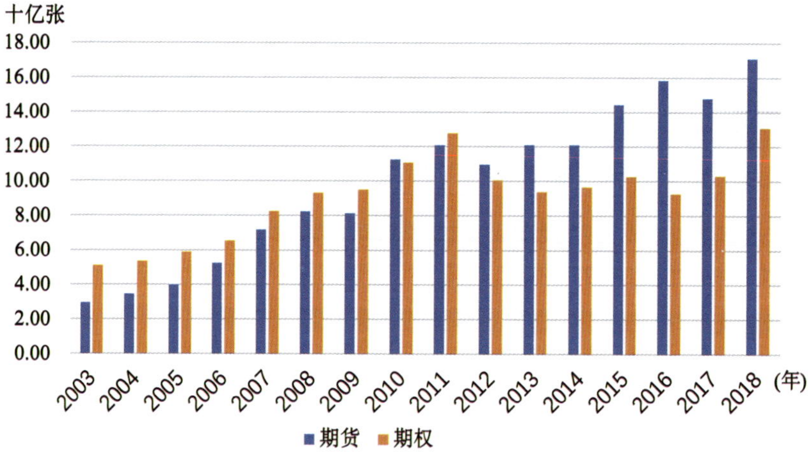

图 4　2003 ~ 2018 年全球期货及期权成交量对比

资料来源：FIA。

13. 期权交易的特点

从形式上看，期权交易与期货交易一样，也有买方和卖方。但是，在期权交易中，下面两个特点是期货交易所没有的。一个是买卖双方的权利和义务并不一致；另一个是期权交易中将买涨和买跌分开了。

比如，投资者担心某交易品种的价格上涨，可以买进该品种的看涨期权，他所付出的代价是给予卖方一笔期权费（大小由竞价决定），得到的权利是：在到期日，当价格高于当时的执行价格时，可以按执行价从卖出方手中买进该品种或按执行价结算差额；而当价格低于当时的执行价格时，可以放弃执行权利。期权卖出方则相反，其得到的好处是可以收到期权费，所承担的风险是一旦到期日价格上涨，必须按当初的执行价卖给买方对应的品种或将结算差价付给买方。与买卖看涨期权对应的是买卖看跌期权，买进看跌期权是害怕该交易品种价格下跌，按执行价买进看跌期权后，一旦到期日价格在执行价以下，买进方有权按执行价将该品种卖给卖出期权的人或得到其中的差价。

期权交易之所以受到青睐，与上述的两个特点是分不开的。

在期货交易中，无论是买进还是卖出期货，其面临的高风险与高收益是对应的，即买卖者可能大赢也可能大亏。然而，在期权交易中，两者得到了分离。正是这一分离，使得期权交易比期货交易更灵活，更适合投资者的不同需求，因而更容易得到投资者的青睐。

对买进期权者而言，因为不承担义务，只享受权利，所以损失是有限的（其极限为付出的期权费），但获取高收益的可能仍旧存在。这种情况对一些避险交易者特别适合。对他们来说，买进期权，等于是买了份保险，所付的期权费等于是保险费。如果行情相反，最大损失也就是已付出的期权费，既不会有期货交易中追加保证金的风险，更没有爆仓之说；如果行情看准了，则可以在期权交易中得到相应利润补偿现货中的风险损失。

对期权的卖方而言，相当于充当了保险公司的职能，卖出了一份保险单。尽管从理论上说具有很大的风险，但这个风险，并不会超过期货交易的风险，这是因为期权卖出方在卖出期权时已经收到一笔权利金作为风险补偿。

更重要的是，两者分离之后，大大丰富了交易者的交易策略。期权交易自身可以衍生出以往不存在的交易策略，比较经典的策略就有 20 多种；按照需要，一定程度上可以复制出期货头寸效应。如果与期货交易的交易策略相结合，产生的交易策略就更多了。无论是专业投资者还是业余投资者，无论是大投资者还是中小投资者，无论是避险交易者还是投机交易者，都可以在这些纷繁的交易策略中各取所需。在如此灵活的交易下，期权交易得到投资者的青睐也就不奇怪了。

小贴士

风靡韩国的期权交易

1990 年 1 月，韩国证券交易所编制了由 200 个大企业的股票组成的 KOSPI200 指数（Korean Stock Price Index 200）。1996 年 5 月 3 日，韩国证券交易所正式开始 KOSPI200 指数期货交易，次年 6 月又推出了 KOSPI200 指数期权交易。1999 年 2 月，韩国期货交易所（KOFEX）在釜山正式成立。在经历了一番股指期货、期权合约到底应放在证券交易所还是期货交易所的争论之后，KOSPI200 指数期货、期权交易终于从证券交易所转移到期货交易所（KOFEX）。就这样，韩国股指期货、期权市场开始在韩国期货交易所这样一个专业化金融期货交易所成长起来。

KOSPI200 股指期权合约是整个韩国期货、期权市场的核心产品。韩国股指衍生品之所以能够进入寻常百姓家，就是得益于 KOSPI200 指数期权的推出。该合约采用迷你化设计，最低仅值人民币 8 元，成为妇孺皆知的投资品。韩国民众炒期货就像买彩票一样。目前，KOSPI200 期货、期权的成交总量已经超过了美国的 S&P500 指数和日经 225 指数期货、期权加起来的成交量。

2000 年，凭借着 KOSPI200 合约 142% 的交易量增长，韩国期货交易所首次挤入全球前五强。随后，KOSPI200 合约一直蝉联全球交易量第一名，使得韩国期货交易所在全球交易所的排名中连续多年位居榜首。截至 2018 年，韩国期货交易所仍是全球交易量最大的前十名期货交易所之一。

14. 世界期货市场发展趋势及特点

自 1848 年芝加哥期货交易所设立以来，经过 170 多年的孕育和发展，期货市场不仅已成为全球市场经济中的重要组成部分，而且是最活跃的组成部分。从发展趋势看，当今世界期货市场呈现出五大特点，那就是：

（1）期货市场规模不断壮大，在经济生活中的影响越来越大。据美国期货业协会（FIA）的统计，1993 年，全球期货和期权交易量为 10.60 亿张，而 2018 年，这一数字已上升至 302.82 亿张，是 25 年前的 28.57 倍。

（2）金融期货（期权）已成为期货市场挑大梁的主角。尽管商品期货（期权）的交易规模在金融期货（期权）产生之后仍有所增长，但增长速度远低于金融期货及期权。2018 年，全球金融期货及期权在全部期货及期权交易中所占的比重高达 80% 以上。

（3）期权交易成为期货市场不可分割的重要组成部分。期权交易先从股票开始，逐渐扩大到其他品种，与期货交易相融合之后，衍生出期货期权交易。2000 年，全球期权（现货期权和期货期权）交易总量第一次超过了期货交易总量之后，长期占据期货市场半壁江山的趋势已成定局。

（4）期货市场已全面彻底进入了电子化交易及网络交易时代。美英期货市场刚起步时，通信手段依赖的是电报及有线电话，在这种通信手段下，交易员只能通过聚集在场内采用人工喊价方式，然后再通过有线电话与外界联络，这种交易方式导致的时差界限和地域界限是天然的，也给期货交易进一步的发展盖上了难以突破的天花板。20 世纪 70 年代，小型计算机的发展和普及开启了期货电子化交易之路。交易所通过电子化交易不仅可以实现低成本，提升交易能力，同时可以向投资者们提供更多的交易产品。互联网将交易者的计算机终端与交易所的交易主机直接相联后，不仅为交易者提供了更快的速度、更好的准确度和更高的透明度，也打破了原有的时差界限和地域界限。20 世纪 80 年代以来成立的期货交易所已多半采取电子化交易方式。全球各大期交所也纷纷摒弃传统的公开叫价方式，改而使用电子交易方式。电子化交易不仅大大促进了期货市场的发展，也改变了期货市场的传统格局，同时引发了期货市场的新一轮竞争。

（5）期货市场竞争空前激烈。电子化交易以及金融自由化和国际化趋势，为交易所之间展开短兵相接的竞争铺平了道路。尽管交易所之间的竞争由来已久，但是，在通信手段相对落后的过去，竞争通常局限于国内或邻近地区。然而，随着电子化交易方式的普及，竞争开始跨越国界，形成国际竞争。为争夺国外交易资源，各交易所纷纷采用推出他国交易产品、将交易终端推广至他国、与他国交易所组成联网、联盟甚至合并，进而直接在国外开设交易所的方式。比如，欧洲期货交易所（EUREX）是由德国期货交易所（DBT）和瑞士期权及金融期货交易所（SOFFEX）合并而成的；泛欧交易所（Euronext）则是由法国、荷兰、比利时、葡萄牙、英国的一些交易所通过合并或收购而建立的。在美国，世界上历史最悠久的芝加哥期货交易所（CBOT）和最早开始进行能源交易的纽约商业交易所（NYMEX）等几家交易所都已被芝加哥商业交易所（CME）收购合并为芝加哥商业交易所集团（CME Group）；2000 年 5 月 11 日成立的总部位于乔治亚州亚特兰大的洲际交易所（Intercontinental Exchange，ICE）目前在美国、欧洲、加拿大、新加坡等地拥有多家期货交易所；芝加哥期权交易所（CBOE Holdings）控股公司目前也拥有 5 家期货或期权交易所；全球最早推出金属期货的伦敦金属交易所（LME）也被我国香港交易所收购。

为了更好地适应竞争，不少交易所还进行了改制，以营利性的股份制公司模式取代原先的非营利性会员制模式，其中有些在完成改制后还在股票市场上挂牌交易。上述这些交易所基本上都已成为上市公司。

15. 中华民国时期的期货市场

为了解决革命的经费问题，1916 年 12 月，孙中山接受日本某政党的建议，决定与长期支持中国革命的日本神户航运业巨头三上丰夷共同在上海开办交易所，企图以盈利所得资助革命。

1917 年 1 月 22 日，由孙中山领衔，上海总商会长虞洽卿、张静江、戴季陶等 8 人附议，向北京政府农商部呈请成立上海交易所。然而，在交易所筹备之际，张勋在北京拥立溥仪复辟，上海随即陷入混乱，交易所筹办工作只能暂停。1918 年 7 月，虞洽卿等人成立预备会，呈请北洋政府，要求“将证券、物品一并开办”，得到批准。但是，上海各商帮在分办还是合办问题上互相扯皮，直到 1920 年 2 月 1 日，才在总商会开创立会，虞洽卿任理事长。当时定下的七种交易物品为有价证券、棉花、棉纱、布匹、金银、粮食油类及皮毛。7 月 1 日，上海证券物品交易所正式开业，意味着商品期货交易在中国正式起步。

上海证券物品交易所开办半年就赚了 50 万元，1921 年初开业的上海面粉交易所，也因其盈利而使其股票不断上涨。在高额利润的刺激下，争办交易所的热潮席卷全国。从 1921 年 5 月起至年底，仅半年时间，上海滩便涌现出 140 多家交易所，不仅各大行业有交易所，而且烟、酒、火柴、麻袋、泥灰等小行业也都办起了交易所，与交易所有密切关系的信托公司也先后开设了十几家。同时，天津、北京、广州、汉口、南京也在纷纷筹备各种交易所。

报应随之而来。

进入年底，由于银行和钱庄收缩信用，资金全面告急，各交易所、信托公司纷纷陷入困境，紧随而来的便是倒闭潮。后来，上海仅剩 6 家交易所。因 1921 年正是中华民国十年，故这次倒闭风潮被称为“民十信交风潮”。

“民十信交风潮”之后，加上战乱频繁，大多数国民对公债和股票都失去了信任，一些残存的商品交易所也陷入低迷。

1946 年 9 月，上海证券交易所股份有限公司成立，共有证券和物品两个市场。不久，交易所推出延期交割业务，又称“递交”，实为变相的期货交易。新中国成立以后，为了打击投机商人的投机倒把行为，各交易所都被人民政府查封。

16. 改革开放后我国期货市场的恢复与整顿

20 世纪 80 年代，我国进入改革开放时期，经济体制改革的关键点是打破计划经济一统天下的局面，发挥市场的调节作用。由于市场调节作用的灵魂是价格，随着价格改革的深入，期货交易方式又被专家学者重新提起。1988 年 3 月，七届人大的《政府工作报告》正式提出要“探索期货交易”，期货交易被提上议事日程。

1990 年 10 月 12 日，中国郑州粮食批发市场经国务院批准，以现货交易为基础，引入期货交易机制，作为我国第一个商品期货市场开业，迈出了新中国期货市场发展的第一步。1992 年 1 月 18 日，深圳有色金属交易所正式开业；同年 5 月 28 日上海金属交易所开业。1992 年 9 月，广东万通期货经纪公司成立，这是我国第一家期货公司，主要代理境外期货。同年 12 月，中国国际期货经纪有限公司成立，这是国内第一家大型期货经纪公司。到 1993 年下半年，全国各地居然开出了 50 多家期货交易所及近千家期货经纪机构。真是一哄而起，遍地开花。热火朝天的一幕，70 年前似曾相识！

恶果如影随形而来，负面新闻接连不断。交易所各行其是，甚至与大户互相勾结，偏向一方，中途修改规则，三公原则只是纸面和口头上的东西；一些期货经纪机构在交易所和客户之间上下其手，什么吃点、对倒、挪用客户保证金已成潜规则，保护投资者利益成为笑话；投资者与经纪机构之间的纠纷及相关诉讼不断，既有经纪机构坑害投资者的，也有一些交易者利用规则漏洞恶意敲诈经纪机构的；交易者中的一些超级大户在交易中联手操纵，恶意对赌，期货价格翻云覆雨，时不时闹出震惊市场的风险事故。

初起的期货市场呈现出种种的混乱与不堪，归根结底源于法律法规的缺失以及监管无法到位。要知道，计划经济体制时，不需要期货市场，自然没有期货法规，也不需要设置监管机构。当期货市场在改革大潮中一涌而起时，法规及监管建设自然跟不上实际需求。

1992 年 10 月，国务院证券委员会（以下简称国务院证券委）和中国证监会宣告成立，国务院证券委是国家对证券市场进行统一宏观管理的主管机构，中国证监会是国务院证券委的监管执行机构。1993 年 11 月，国务院决定将期货市场的试点工作交由国务院证券委负责，中国证监会具体执行。

1993 年 11 月 4 日，国务院针对期货市场盲目发展的状况下发了《关于制止期货市场盲目发展的通知》，开始了第一次清理整顿行动。在这一次清理整顿行动中，最终有 15 家交易所被确定为试点交易所，一些交易品种也因种种原因被停止交易。

1998 年 8 月 1 日，国务院下发《国务院关于进一步整顿和规范期货市场的通知》，开始了第二次清理整顿行动。在这次清理整顿中，15 家交易所被压缩合并为 3 家（上海、郑州、大连三地各一家），交易品种也大大减少。

期货市场的两次整顿导致交易量一路低迷，2000 年，期货全年成交量与成交金额分别为 0. 546 亿张和 1. 6082 万亿元，而在前期高峰时刻的 1995 年分别为 6. 361 亿张和 10. 0565 万亿元。两相比较，2000 年差不多只有 1995 年的十分之一。

两次整顿的积极作用是止住了我国期货市场无序发展的混乱局面，同时在法规建设及监管制度建设上取得成效，为期货市场的大发展奠定了扎实的基础。

17. 我国期货市场进入规范发展阶段

整顿结束后，期货市场的规范程度大大提高，“稳步发展期货市场”重新被提上议事日程。期货交易量呈现出恢复性增长局面，2003 年，全国期货交易金额达到 10.84 万亿元，第一次刷新了历史纪录。期货市场在国民经济中的正面作用日益显露，政府对期货市场也越来越重视。随着新品种的不断推出，期货市场呈现出高速发展态势。2019 年，我国境内四家期货交易所合计成交量为 39.62 亿张，成交额为 290.61 万亿元（见图 5）。

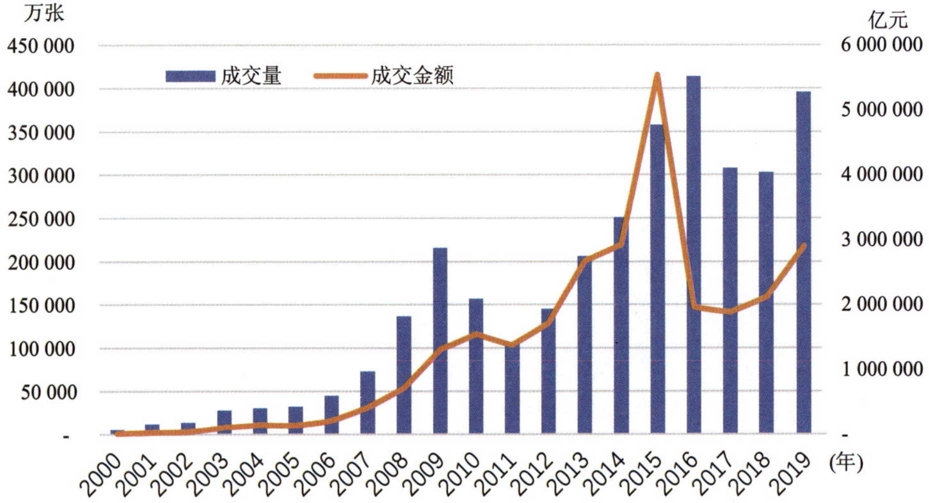

图 5　2000～2018 年我国境内期货市场历年成交量与成交金额

资料来源：中国证监会网站。

中国境内期货市场的发展历史至今还不到 30 年，但取得的成绩是令人瞩目的。

在交易量方面，2018 年中国内地四家期货交易所合计成交量 30.28 亿张，在不考虑我国香港和台湾的情况下，约占全球期货及期权交易量的 10%，排在美国和印度之后（印度国民证券交易所成交 37.9 亿张，成交最活跃的品种为股指期权）。而在商品期货方面，我国的成交量已连续 9 年雄居世界第一，这与我国的商品生产地位是吻合的。所有的大宗商品，中国要么是最大生产国，要么是最大消费国，或者是最大进口国，强大的实体经济是中国期货市场崛起的内在力量。在商品期货品种上，我国不仅拥有绝大多数国外的传统品种，还开发出了许多国外没有或未曾交易过的品种，如 PTA 期货、甲醇期货、钢材期货、焦煤和焦炭期货、铁矿石期货、动力煤期货、LLDPE 期货、PP 期货、PVC 期货和苹果期货等。

如果说在商品期货方面，我国已确立了全球龙头地位，那么从品种结构上看，金融期货和期权交易方面的短板效应更加突出。好在这两个方面我国都已经破冰。2010 年中金所推出的股指期货和 2013 年推出的国债期货都是金融期货，2015 年上海证券交易所推出上证 50ETF 期权，从 2017 年开始三家商品期货交易所陆续推出了对应品种的期货期权，尽管数量还不多，但乐观地看，破冰之后我国金融期货和期权交易的潜力将会非常大。随着中金所股指期权的上市交易，可以期待我国期货交易规模将更上一层楼，同时，在结构改善上也将取得重大进展。

我国期货市场另一个发展潜力是期货市场的对外开放。长久以来，国内期货交易仅限定于国内投资者可以参加，境外投资者是不能在国内开设期货交易账户的。但随着国内期货价格在国外的影响越来越大，境外投资者参与的愿望也越来越强烈，然而因不得其门而入只能望洋兴叹。国外的期货交易所允许交易者跨境交易是常态，跨境交易不仅增加了交易量，而且也使期货价格更具国际影响力。2018 年 3 月 26 日，上期能源中心的原油期货上市，拉开了国内期货市场对外开放的序幕。紧接着，大连商品交易所的铁矿石期货从 2018 年 5 月 4 日起引入境外投资者；郑州商品交易所的 PTA 期货在 2018 年 11 月底引入境外投资者；上期能源中心于 2019 年 8 月 12 日推出的 20 号胶期货也是国际化品种；在中金所，随着 A 股市场的国际投资者的不断增多，部分境外投资者已经在中金所利用期货来进行套期保值交易。

2019 年 8 月 30 日和 9 月 5 日，南华期货股份有限公司和瑞达期货股份有限公司分别在上海证券交易所和深圳证券交易所挂牌交易，正式拉开中国资本市场期货年的序幕。两只期货股上市表现亮眼，引发资本市场对期货行业重新估值，也昭示着中国期货行业必将与大国地位相匹配的前景。

花儿为什么这样红——期货市场的功能与作用

如果让一位不了解期货的人去期货市场观察一下并问他看到了什么，他的回答很可能是：我看见一群人全神贯注地盯着电脑，时不时地买进卖出期货或期权合约，看上去与买卖股票差不多。不一样的地方是买进股票后收盘时会交割，但他们不一样，有人买卖之后过了几分钟就平仓了，一天之内居然可以反复做几个来回，还说“期货不是货”，买卖的目的不是为了买货或卖货，这不是投机吗？真搞不明白这个市场有什么意义，为什么政府还会允许这么个投机市场存在？

是的，这位观察者说的没错，期货市场正在全球范围内蓬勃发展，各国政府都在不遗余力地支持本国期货市场发展。如果期货市场对经济没有好处，不具备一些其他市场不可替代的特殊功能，政府怎么可能支持呢？这位观察者之所以存在认识偏差，原因在于他仅仅看到了期货市场存在的投机行为，而没注意到期货市场中还有另一批不以投机为目的的避险交易者。那么，期货市场究竟有哪些功能？又发挥了什么特殊作用呢？接下来我们专门来聊聊这个话题。

1. 支持外贸部进行期货交易

1973 年，中国不仅是计划经济体制，还处于“文化大革命”的特殊时期。由于国内原糖供给明显不足，需要到国际上采购。中国粮油食品进出口总公司布置中国香港华润公司的五丰行尽快购买年内的原糖 47 万吨。

当时，由于气候等因素的影响，各国原糖产量有所下降，五丰行认为，如果中国立即大量购糖，必将进一步刺激价格上涨，不仅要出高价，还不一定能按时买到现货。再加上外贸部给华润限定了最高价，这更加大了购糖的难度。为了完成购糖任务，华润找到了号称世界糖王的新加坡华侨商人郭鹤年。据郭鹤年估计，如果中国采购白糖的消息出去之后，国际糖价会上涨 20% ~25% 。为了避免刺激国际市场砂糖价格的上涨，郭鹤年和华润负责此项工作的人员立即秘密奔赴英国，先在伦敦砂糖交易所购买期货 26 万吨，平均每吨 82 英镑。然后又向巴西、澳大利亚、英国、泰国、多米尼加、阿根廷等国家购买现货 41 万吨，平均每吨价格 89 英镑。从 5 月 20 日开始，市场传说中国购入大量砂糖，纽约、伦敦砂糖市场又大幅度涨价。然后，澳大利亚、巴西先后证实中国向他们购糖，市场价格进一步上涨，至 5 月 22 日，糖价涨至每吨 105 英镑，且还有上涨的趋势。

五丰行因购买砂糖现货的任务已经完成，从 5 月 22 日起至 6 月 5 日将期货陆续抛出，最后，除伦敦和纽约砂糖交易所中间商的应得费用和利润 60 万英镑外，五丰行还赚了 240 万英镑。这是我国政府部门最早采用期货工具进行套期保值的成功案例。

华润公司和五丰行完成了采购任务，又赚了大钱，但干部们心里却忐忑不安。他们对这种“投机倒把”行为心里没底，怕犯政治错误。因为已经有人借机攻击华润，说购糖行为是“资本主义”，这是在搞投机，并攻击对外贸易部副部长李强，因为李强部长同意华润在购买糖的过程中，可以采取灵活的措施，才有了利用商品交易所交易的可能性。为了了解具体情况，相关领导听取了华润公司和五丰行的汇报。

汇报结束后，外贸部核心小组又开会讨论相关问题，起草了《关于进口工作中利用商品交易所问题的请示报告》报送国务院，建议中央批准进口工作中可利用交易所交易。

上述情况打开了国内利用期货交易所做买卖的大门，给国家带来了巨大利益。1973 年，通过黄金买卖和开展期货交易，外贸部门赚了 30 亿美元，比上一年出口总额 26.4 亿美元还多近 4 亿美元，这在当时是非常了不起的。从此以后，在我国对外贸易历史上开始出现了期货贸易的方式。

2. 大商所总经理的一封紧急建议信

2003 年 9 月，国际国内大豆期货价格启动了一波快速上涨行情，大商所的大豆期货价格很快由每斤 1.05 元左右涨至 1.25 元以上，创出 10 年来的新高。国庆节之后，东北农民已经开秤卖豆，大商所总经理朱玉辰带队调研时发现，很多豆农还在根据上一年秋天和当时周边商贩的收购价以每斤 1.05 元甚至更低价格出售。10 月 9 日，朱玉辰给黑龙江省委书记写了一封“关于确保种豆农民增收的紧急建议”的信，希望引导农民把握这次行情，把手中的大豆卖出好价钱。10 月 10 日，黑龙江省委立即进行了认真研究和紧急工作部署。10 月 12 日，在省电视新闻中播放了 5 分钟的大豆期货市场情况报道，提醒农民要在卖粮环节寻求增收。省农委还以最快速度首次把期货价格信息开设在了农业信息网中，并利用各种媒体在第一时间把有关大豆进口以及大豆国内外市场信息和未来走势等情况传递给了农民，同时请期货专家出谋划策，避免了豆农急于低价出售大豆而造成的损失……短短几天内，大豆期货价格上涨信息通过各种媒体广泛传播，全省大豆收购价迅速回升到 1.40 ~ 1.45 元/斤的合理水平。当年黑龙江省共产出大豆 600 万吨，扣去成本费用，200 多万户豆农因此增收了 36 亿元。

2005 年大商所开始了一个宏大计划——“千村万户市场服务工程”，其具体内容为：在东北三省和内蒙古的粮食主产区，扎扎实实地推进旨在“免费培训农民、市场信息下乡、创新订单农业”的服务工程。服务工程实施的10年间，先后培训了6万多人。种粮农民意识到：现在种地，不仅要低头看土地，也要抬头看市场，不仅要看现货市场还要看期货市场，不仅要看国内市场还要看国际市场。越来越多的当地种粮农民学会了参考期货价格种地卖粮，一批会种地、懂经营的现代农民成长起来，企业利用期货市场避险的积极性和避险水平得到了提高。

3.“煤超疯”与“绝代双焦”

2016年，去产能、去库存等“供给侧改革”政策在煤炭行业的实施，导致煤、焦等期货价格一骑绝尘。与最低点相比，动力煤、焦煤、焦炭的期货价格涨幅均超过200%，其中，焦炭期货价格甚至一度创出了日线16连阳的纪录。期货市场人士将动力煤取名“煤超疯”，而把焦煤、焦炭戏称为“绝代双焦”，可见，煤、焦价格涨势有多么疯狂。

根据煤、焦期货市场所传递出的对未来价格走势的预期信息，国家发改委自9月8日开始，50天内连续5次召集有关部门会议商讨煤炭供需形势，同时出台一系列释放产能、增加供应的政策措施。一系列的政策调控措施终于使煤、焦价格疯涨的势头得到有效遏制，期价普遍下跌15%以上，回归理性。

再看一个发生在2003年的案例。

当年天胶期货价格短时期内快速上涨引起政府关注，有关部门随即采取了一系列措施，如国储局数次抛售库存天胶；年末又宣布2004年取消进口配额管理，同时将国内两大垦区的天然胶农林特产税（8.8%）改为执行农业税（5%）。这些措施对后来的供应增加，抑制天然胶价格过分上涨都起到了积极的作用。

为了促进国民经济的快速增长与协调发展，政府必须要制定一系列的宏观经济政策。当一些关系国计民生的重要商品物资的供需状况出现严重失衡导致价格异常波动时，政府会做出反应，通过相关政策的调整来影响供需结构，从而促使价格回归正常。不难理解，政府在制定或实施调控时不仅需要知道价格的现状，更要了解价格趋势。那么，什么样的价格信号能够较好地反映价格趋势呢?

现货价格自然也能在一定程度上反映供需状况，但现货价格在趋势反映上通常较慢，用术语说就是具有滞后性特点，据此制定的政策不仅会存在慢半拍的缺陷，更严重的是，在未探明情况之下出台的调整政策，很可能导致社会生产盲目扩张或收缩，造成社会资源的极大浪费。期货交易是通过对大量信息进行加工，进而对远期价格进行预测的一种竞争性经济行为，形成的是未来价格，具有超前性特点，而且反应迅速，利用期货价格的这一优势制定相应的调控政策，可以大大克服决策的盲目性，提高决策的科学性。

事实上，关注期货价格并且将期货价格作为调整的决策依据在国际上是非常普遍的。比如，欧佩克石油组织调控石油产量的重要依据之一就是石油期货价格。又如，美联储在决定是否调整利率及如何调整时，也会将一些重要的商品期货、商品指数期货及金融期货视作经济中的先行指标。

4. 有没有恍然大悟的感觉

如果原来的你认为期货市场就是一群投机者在那里炒来炒去，一心只想赚钱的地方，那么看了上面三个例子，有没有被触动呢?上面三个例子至少可以说明以下两点。

第一，从事期货交易的有投机者，也有实实在在的与期货交易品种相关的生产方、需求方或贸易商。尽管市场上充斥着投机交易，但相关生产方、需求方或贸易商就可以借机很好地利用这个市场来为自己谋取利益。具体而言，就是利用这个市场规避价格波动风险，为正常的生产贸易保驾护航。比如，在第一个例子中，当时的外贸部在采购砂糖时，利用国外的期货市场提前锁定采购价格，使得大批量采购行为能够在正常价格水平下圆满实现。如果没有期货市场或不利用期货市场，则很难实现原先的预定目标。

第二，期货市场产生的期货价格在市场经济条件下具有特殊的重要意义。从微观层面看，即使有很多生产商、需求方及贸易商也不一定能直接进行期货交易，但期货市场的价格仍旧是他们在生产经营活动中不可缺少的指路明灯。比如，在第二个例子中，东北种植大豆的农民因为习惯了以往的低价，不了解也不知道最能反映供需变化的期货市场价格已经大幅上涨，还是低价卖出就会吃亏。幸亏大商所总经理的一个紧急建议，使得东北农民增收了36亿元。

目前，在我国，凡是已经推出期货交易的品种，它们的经营环境与以往相比都有了极大的改变，其中一个重要的原因就是与这些品种相关的上下游生产者和经营者都已养成关心期货价格的习惯。当大家都关注期货价格时，就意味着市场越来越透明，以往一些利用信息不对称手段欺负对手的小伎俩很难再奏效了。目前，在现货市场做生意时，大家都会自觉地以期货价格作为参考，甚至以期货价格作为基准价格。从宏观层面看，期货市场的价格给政府的有效调控提供了重要的决策依据，期货市场的未来价格信号是其他市场无法提供的，尽管政府自己不从事期货交易，但仍旧离不开期货价格。

上面的两点，如果用术语来说，就是期货市场具有避险功能和发现价格功能。这两个功能对市场经济发挥的都是正面作用哦！走进期货市场，就像走进花园，若来人只是低头，自然只会看到花下的泥土，只有抬起头才可能欣赏到绚丽多姿的万紫千红。

接下来，我们将围绕期货市场的这两个功能，再跟大家分享一下与期货价格相关的事情。

5. 期货价格的魔性来自何方

事实上，任何一个期货品种，在运作一段时间并被市场接受之后，该品种的期货价格自然而然就会成为该品种全行业的基准价格。期货价格成为基准价格后，不同的地域通常会按照所在地域与基准地的距离远近及带来的相应费用计算相应的价格。比如，美国芝加哥期货交易所的大豆期货交易基准地是芝加哥及伊利诺斯河流域，出口商签订的远期出口交货地如果在海湾，通常会在同时期的期货价格上加上相关的运输及相应费用。

作为基准价格，它也会决定和影响该品种供应链中不同级别层次的价格。比如，市场批发商会据此制定出批发价，零售商也会按照批发价制定零售价。对一些基础原材料品种而言，它还决定了后续产品的价格。比如，汽油、煤油等石化产品的原材料都是石油，如果石油期货价格大幅扬升，相关产品的批发商和零售商的进货成本相应提高，其销售价格也会水涨船高。

期货价格之所以会具有这么大的魔性，与其形成机制有关。

首先，期货价格是通过集中竞价产生的，而一般的市场价格是买卖双方通过一对一谈判方式形成的，两种竞价方式具有本质的不同。

在集中竞价制度下，来自全国甚至全球的众多买家和卖家聚集在一起进行竞争。这样形成的价格的透明度高，因而更具公正性。而在一对一交易的现货市场中，由于交易者分处各地，信息量少，信息反馈慢，一方吃亏一方沾光的事自然就会经常发生，一些交易商甚至故意利用信息优势或局部地区的垄断地位欺侮对手。

集中竞价的公正性使得期货价格具有权威性，再加上期货价格的公开性，现货市场上的交易者通常都知道期货价格，因而在交易时，都会将交易价格的合理性与期货价格进行比较，这样就阻止了对方进行不公正交易的企图。比如，一家具有局部地区垄断地位的供货商挂出的卖价远高于期货近期合约价格，买方自然会想到，还不如到期货市场上去买。当大家都这么想时，这家供货商的垄断地位就再也保不住了。显然，集中竞价不仅具有形成权威价格的作用，其更重要的意义还在于：在权威价格的影响下，价格割据局面再也维持不下去了，取而代之的是一个全国性的统一大市场。

其次，期货价格是远期价格。也就是说，它代表的是未来一个时期后的价格。而通常的零售价格、批发价格都是现货价格。当然，随着交割期越来越近，期货价格也在逐步向现货价格转化。现货市场的价格是当前的价格，它是一个已经确定了的事实。对经营者而言，在一个已经确定了的事实面前进行决策并不难，难的是大量的经营活动涉及未来，而未来是不确定的，面对不确定的未来时应该如何决策？恰恰在这一点上，期货价格给经营者提供了很大的帮助。

期货价格之所以能够成为未来价格的指示器，其原因在于：

（1）期货价格本身是未来价格。

（2）这个价格是成千上万的交易者集中竞争的结果。在这些交易者中，既有许多相关品种的经营者，也有大量非常熟悉该品种的投机交易者。他们凭借各自的信息、经验和方法对供需和价格走势进行判断、分析和预测，并在此基础上参与市场竞争。这样的价格反映了大多数人的预测或预期，集中反映了全社会对未来供求变动趋势的判断。

（3）影响未来供需格局及价格的因素有很多，在期货交易中，一旦这些因素有所变动，期货市场不仅会随即做出反应，且反应强度远大于现货市场。显然，这种即时反应机制进一步强化了未来价格指示器的作用。通常，将期货价格的未来价格指示器作用称为期货市场具有价格发现功能。

（4）期货价格是批量规模交易价格。比如，大连商品交易所的大豆期货合约是每张合约 10 吨，美国芝加哥期货交易所的大豆合约是每张合约 5 000 蒲式耳，超过 136 吨。这样的规模，不仅零售市场无法望其项背，即使是批发市场也不一定能达到。批量大的规模交易，再加上集中交易带来的权威性和影响力，使得期货价格自然成为该品种的全社会基准价格。

6. “点价”点出的龙头企业

2008 年 5 月，正是油菜收获的季节。一场恐慌性的菜籽收购大战烽烟四起。因为当时全国的油菜籽年压榨产能超过 4 000 万吨，而当年国产的菜籽仅有不到 1 200 万吨。如果抢不到菜籽，那油脂压榨工厂一年就没什么事干了，设备闲置，员工遣散，亏不起啊。所以企业纷纷抢菜籽，所谓“抢到就是赚到”。农民高兴啊，从来没卖过这么高价的菜籽，每斤 3.5 元，折合压榨出的菜油成本都到了每吨 12 000 ~ 13 000 元的水平。结果，菜籽抢完了，油榨出来了，没料到全球金融危机来了。菜油价格一泻千里，最低都跌破了 6 000 元/吨。当时有一个统计数据，国内 220 家菜籽油规模加工企业仅 12 家微利或保本，亏损企业高达 208 家，半数以上濒临破产。但就在此时，居然有一家名不见经传的小油脂企业却赚了大钱，最后竟成为省级龙头示范企业了。

不错，这家企业当时也抢购了不少的菜籽，加工出来的菜油也是亏得厉害。但该企业很快发现了一个奇特现象：一是当时由于市场恐慌，导致期货的下跌速度和幅度都远大于现货，期货价格比现货价格竟然低了 1 000 元/吨；二是越跌，油厂就越不愿意卖油，特别是国有企业的油厂抱定了不能亏本销售的宗旨，而菜油的刚性需求基本没有变化，结果导致现货市场货源还挺紧张。如果能把期货市场的油卖到现货市场上去，那每吨不就可以赚 1 000 元吗？于是这家企业积极在期货市场上买入，并及时联系现货市场下游买家。

好事多磨。上游供货环节解决了，下游销售环节又发生了变化。因为油价下跌速度太快了，零售商买的菜油还没运到家，在路上就开始亏损了，吓得他们不敢再订货。这位企业老板突然想起了国际贸易中流行的点价交易方式，于是立马向零售商推广。其内容为：你们先支付一部分定金，货价先不确定，我发货时你们不用结账，给你们一个月时间，在此段时间内，你们可以选定任何一天郑州商品交易所交易最活跃的菜油期货价格通知我们，就以这个期货价格为基价，再加 300 元/吨的加工费（运输费由买方自理）作为结账价格。买方一听，高兴啊，如果货在路上价格下跌，期货价格也下跌，我们就可以按下跌后的价格确定价格，可以避免价格下跌的损失。

一时间，订单沓来踵至，短短 4 个月，这家企业的菜油贸易量突破 3 万吨，获利 1 000 多万元，不但弥补了前期菜籽收购亏损，提高了市场份额，而且还帮助下游客户规避了经营风险，实现了双赢。说到这里，你会不会替该企业担心，价格下跌后，零售商按低价点价，那卖油的企业是否就会亏得倾家荡产呢？当然不会！那是因为这位卖油郎在买方订货的那一刻，同步在期货市场做了卖出套期保值。比如，期货价格在7 000元/吨，对方订了300吨货，那卖油郎随即在期货市场卖出300吨菜油。假定卖油郎发货20天后，期货价格跌到6 000元/吨，零售商点价。卖油郎随即以6 000元/吨的价格平掉300吨期货。零售商结账价格为6 300元/吨，卖油郎在期货上平仓还得到1 000元/吨的收益，合计起来，实际收入还是7 300元/吨，其中300元是加工费。脑瓜子灵的读者可能立马就会想到，那是因为期货价格跌了，卖油郎在期货上赚了，如果期货价格涨了不就亏钱了吗？是的，期价上涨在期货上亏钱了，但别忘了，点价的价格也高了啊！反正无论期价涨跌，卖油郎的收入都稳定在7 300元/吨。

7. 从点价交易到基差交易

上面这个故事发生在10年前，当时菜籽油期货推出时间不久，恰巧碰到大跌行情，那位卖油郎的头脑灵活，率先将国外流行的点价交易方式移植了过来，因此获得了市场先机。

点价交易的核心公式是“现货价 = 期货价 + 升贴水”。在点价交易中，贸易双方并非直接确定一个价格，而是以约定的某月份期货价格为基准，在此基础上加减一个升贴水来确定。升贴水的高低，与点价所选取的期货合约月份的远近、期货交割地与现货交割地之间的运费以及期货交割商品品质与现货交割商品品质的差异有关，这是双方需要谈判的重点。升贴水谈定后，尽管不知道现货价是多少，但一旦实施点价，现货价就是可知的了。

在有色金属、铁矿石、钢材，以及玉米、大豆、棕榈油等大宗商品的国际贸易中点价交易非常流行，这是因为，在进出口贸易中，运输、装卸、等待过程的物流时间较长，而这段时间内货物的市场价格可能发生很大变动，买方对价格下跌的风险极其敏感。

例如，中国的油脂压榨企业从美国进口大豆，每船大概 5.5 万吨，要交每船 500 万元的保证金。从大豆离开美国港口，要经过 40 天左右才到达中国港口。在这 40 天之内，如果大豆价格发生大幅下降，中国进口商将难以承受。于是，美国粮商跟中国的进口商就签订一个点价协议，给签订协议后的中国进口商 35 天的点价期。在这段时间内，进口商可以按照 CBOT 的大豆期货价格进行点价，点价时马上通知美国粮商即可。这样就避免了海上运输期间大豆价格大幅下跌极易导致的违约问题。

在运输期间，如果价格下跌，中国进口企业可以用下跌后的低价来结算，进口成本自然降低。而美国粮商通常会在期货上先做卖出套期保值来规避价格下跌风险。假若 40 天船期内价格没有下跌，反而上升，美国粮商在期货上有所亏损，但在中国进口企业的结算上得到了补偿，不影响预期利润。表面上看，中国进口企业将面临进口成本上升的风险，但实际风险没有想象的大，因为现货价格与期货价格之间通常具有联动效应，如果现货价比期货价上涨幅度更大，不但不亏还能多赚些。

不妨将“现货价 = 期货价 + 升贴水”改成“现货价 − 期货价 = 升贴水”，而“现货价 − 期货价”在期货行业中一般都被定义为“基差”，因此，所谓的“升贴水”实际上就是“基差”。在点价交易中，买卖交易的重点实际上就是“基差”，因此，也可称为“基差交易”。

在国际大宗商品贸易中，由于点价交易被普遍应用，基差（升贴水）的确定也被市场化了，许多经纪商会提供基差（升贴水）报价，交易商可以在众多的基差报价中选择有利于自己的报价进而成交。

小贴士

大商所的基差交易平台

大连商品交易所为进一步提升期货市场服务实体经济的效率和水平，以更加灵活的定价方式服务于商品远期供求，于 2019 年 9 月 25 日正式推出基差交易平台。平台首期上市铁矿石、聚乙烯、聚氯乙烯、聚丙烯四个品种，并陆续根据市场需求论证推出其他品种，扩大平台服务范围。

平台采用交易商认证制度，交易商从行业影响力大、实力雄厚、资源丰富的现货企业和期货公司风险管理公司中选择。平台交易由交易商一对一双边开展，交易达成后如双方协商一致，基差贸易合同可以转让，最终以实物交收或回购的方式进行了结。平台聚焦个性化现货交易需求，交易商可以结合自身生产经营实际，通过基差贸易合同自定义交易要素，可以选择协商或挂牌两种交易方式。交易商既可以线下自行结算，也可以委托平台结算，提升了交易的灵活性和自由度。平台运行模式示意图见图6。

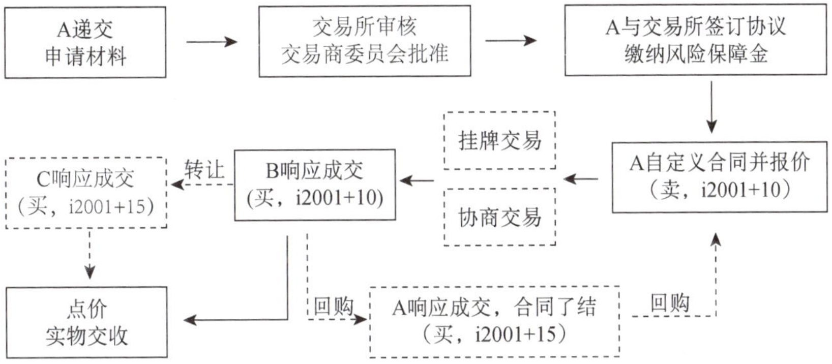

图6　平台运行模式示意图

8. 世界500强企业的期货情结

2009年3～4月，国际互换和衍生品协会（ISDA）对美国《财富》杂志评出的全球500强企业使用衍生品（通常认为衍生品包含期货、期权、远期及互换四种工具）管理价格风险的情况进行了调查。本次调查是ISDA继2003年后做的第二次同类调查。调查数据来源于500强企业的年报和企业直接提供的材料。其中，有8家企业缺少足够的信息进行判断，因此这8家企业被划入未使用衍生品类别企业。

根据调查，500 强企业中 94% 的企业使用了衍生工具管理或规避所面对的商业和金融风险（见表 5）。

表 5　世界 500 强企业衍生品使用情况

行业	企业数量（家）	使用衍生工具比例（%）	使用利率衍生工具比例（%）	使用外汇衍生工具比例（%）	使用商品衍生工具比例（%）	使用信用衍生工具比例（%）	使用股权衍生工具比例（%）
基础原料	86	97	70	85	79	0	6
消费品	88	91	81	84	39	1	9
金融	123	98	94	96	63	76	80
保健	25	92	80	72	8	4	20
工业品	49	92	86	86	37	2	20
服务	40	88	75	85	35	3	13
技术	65	95	86	92	15	6	15
公用事业	24	92	92	88	83	0	8
总计	500	94	83	88	49	20	29

资料来源：国际互换和衍生品协会（ISDA）。

本次调查所包含的企业分布于 32 个不同的国家，代表了从基础原材料到办公设备零售，甚至医疗保健的广泛行业。调查发现，使用衍生品对于跨国大公司非常普遍：在 500 强企业数量最多的 10 个国家中，加拿大、法国、英国、日本和荷兰的 500 强企业都使用了衍生品，德国和美国的比例是 97% 和 92% 。中国 500 强企业中使用衍生工具的占比为 62% ，低于统计的平均值（见图 7）。

调查发现，外汇衍生品是使用最广泛的工具（88% 的企业使用），其次是利率衍生品（83% ）和大宗商品衍生工具。在所有行业中，外汇和利率衍生工具的使用是相当普遍的。除去金融服务业，72%～92% 的各行业企业使用了外汇衍生工具（金融服务业公司这一比例为 96% ），70%～94% 的各行

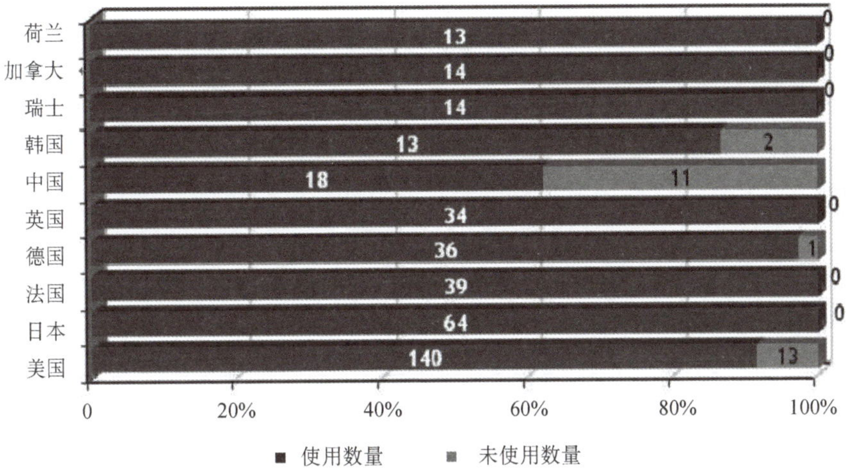

图 7　500 强企业最多的 10 个国家衍生工具使用情况

资料来源：国际互换和衍生品协会（ISDA）。

业企业使用了利率衍生工具。使用大宗商品、股权和信用衍生工具的企业更多集中在特定的行业，集中在公用事业公司（83%）、基础原材料相关公司（79%）和金融服务公司（63%）。显然，金融服务公司是信用和股权衍生工具的最主要的使用者，因为这些企业固有的商业风险大多集中在这些领域。

最近，国际互换和衍生品协会（ISDA）又对 2017 年的情况进行了统计，统计结果为 500 强企业利用衍生产品管理价格波动风险的比例为 92%。中国在 500 强中的企业由 2009 年的 29 家上升为 2017 年的 115 家，但使用衍生品管理的企业数量比例还是远低于全球比例。这一方面降低了全球比例（由原先的 94% 降为 92%），另一方面也意味着衍生品市场在中国还有很大的发展空间。

ISDA 的调查表明，衍生工具是全球顶尖企业不可或缺的风险管理工具。纵观不同的地域和行业部门，这些大公司中绝大部分都依靠衍生工具来规避一系列暴露在正常商业环境中的金融风险，而且，衍生工具使用程度越高，企业规模越大，利润越稳定，经营效率越高。

9. 大企业扎堆参与期货市场的意义

世界500强企业参与期货及其衍生品交易的比例高达92%，说明了什么?回答这个问题必须从他们参与期货市场的目的看。

期货市场不乏投机者，对投机者而言，他们是主动寻找价格波动的风险偏好者，希望通过价格波动来获取风险利润。而这些大企业参与期货的目的恰恰相反，他们是风险厌恶者。

在市场经济条件下，商品的供需始终在均衡与不均衡之间摆动，时而供大于求，时而供不应求，由此带来的价格波动也是不可避免的，这是一种客观存在。对企业的生产经营而言，无论其生产所需的原材料、半成品还是产品销售都依赖于外部的市场，市场价格的变动对企业而言就是一种无法躲避的风险。价格风险的大小与企业的类型有关，对一些拥有专利的制药企业而言，由于拥有垄断定价的权力，其原材料价格在药品价格中所占的比例极低，原材料价格的上涨可能影响不大，但对大多数竞争性企业而言，原材料和半成品价格的上涨或产成品价格的下跌都会给企业带来很大的伤害，严重的甚至导致企业破产。比如，航空用油在航空公司的成本中占了很大比例，若油价大幅上涨，单靠内部调整，起不了多大作用。又如，对进出口企业或跨国公司而言，即使价格波动不大，但当汇率朝着不利方向有较大波动时也会给企业造成严重后果。

显然，对一个追求稳健经营的企业而言，如何规避这种价格波动风险，是一道时刻萦绕在心头的难题。一旦发现期货及衍生工具能够有效对冲价格风险，企业怎么可能不动心。对这些企业来说，面对价格波动可以有两种不同的选择。一种是不利用期货及衍生工具，被动地承担价格波动风险。因为价格波动有其两面性，有时反而会使企业增加利润，比如企业需要大量购买的原材料价格大幅下跌，对企业而言是意外之喜；反之，当原材料价格上涨时将会导致利润降低甚至亏损。不难理解，这种不利用期货及衍生工具对冲价格风险而被动承担价格波动风险的行为实质就是对价格进行投机。另一种是面对价格波动风险主动利用期货及衍生工具进行对冲，将企业面临的价格风险转移出去，以求实现企业稳健经营的目标。两种选择，孰优孰劣？大家不妨设身处地站在企业角度想一想，就不难明白应该怎么选择了。当然，世界500强企业中92%的企业利用了期货及衍生品这一事实已经做出了选择。

在社会经济体系中，大企业的地位和影响都十分重要，一旦倒闭破产很容易引起连锁反应，甚至引发全社会的系统性风险，给国民经济的稳定发展造成严重的伤害。如果在一个经济体系中没有期货市场，大企业就只能被动地接受外在的价格风险带来的冲击，这无疑会加大企业倒闭的概率。有了期货市场，大企业可以主动利用期货及衍生品规避这些外在的价格波动风险，提高稳健经营的能力。因此，完全可以下结论说：期货市场对国民经济的稳定运行和发展具有重要意义。

10. 期货市场的本质是风险转换市场

在市场经济条件下，无论有还是没有期货市场，价格风险都是一种客观存在。能够消除价格波动风险的只能是计划经济。期货市场不仅不可能消除价格波动风险，而且，由于采用连续集中竞价制度，在短期内价格波动会显得比现货市场更频繁，又因为期货价格的远期性，在消息刺激下可能会出现过度反应，所以有时会显得更激烈。显然，评判期货市场的意义不能以是否存在价格波动风险作为标准，因为我们已经不会回到全面计划经济时代了。

对企业而言，在市场经济条件下，有了期货市场，可以将自己在现货市场中无法避免的价格风险转嫁出去，让愿意承担风险的人承担。对企业而言，期货市场是一个可以管理风险的市场。建立期货市场的目的，就是要使企业在此进行避险交易。

有人可能会问，既然是转移风险，风险转移给谁了？或者是谁接受了风险？答案就是“投机者”。避险交易者在期货市场上买入或卖出，成交对手中，除了小部分可能是相反方向的避险者，绝大多数是投机者。对投机者而言，期货市场是一个风险市场，在那里可以与风险为伍，主动搏击，赢了高兴，亏了懊丧，这就是投机。尽管投机者的主观目的是为了博取利润，但客观上却起到了承担风险和活跃市场的作用。避险者和投机者的关系实际上是风险转嫁者和风险接受者的关系。

尽管期货市场不可能消除价格波动风险，但期货市场在化解风险方面，还是发挥了独特作用。那就是凭借着严密的风险管理组织及风险管理措施，将风险分散了。比如，行情大涨或大跌，从一段时间看，价差幅度很大，这意味着风险巨大，但由于期货交易的连续交易时间足够长，中间成交活跃，换手率高，不断地有亏损者止损出场，意味着巨大的风险在这个过程中已被有效地逐渐分散和分解了，没有形成累积的系统性风险。

现代市场经济体系是相互关联、有机结合的市场群体，不仅包括消费资料和生产资料等商品市场，也包括劳务、技术、信息、房地产等生产要素市场，以及证券、期货市场在内的金融市场。其中，期货市场是市场经济发展到一定历史阶段的产物，是市场经济体系中的高级形式。

建立由现货市场和期货市场共同构成的现代市场经济体系，不仅能够真正发挥市场机制的全面的基础性调节作用，同时也大大增加了金融市场与商品市场的关联度，提高了市场体系的运行效率，降低了市场交易成本，提高了市场机制优化经济资源配置的能力。期货市场已成为现代市场体系中不可缺少的重要组成部分。没有期货市场的市场经济是不健全、不完善的市场经济。正如诺贝尔经济学奖得主米勒曾经说过的那样："真正的市场经济不能缺少期货市场的经济体系。"

11. 大国地位需要相应的期货市场

期货价格具有市场基准价格作用，在美、英等西方发达国家 100 多年前刚兴办期货市场时，期货价格影响力基本上还局限于国内市场，对国外的影响力相对较弱。但20世纪80年代，随着经济全球化进程的加快、物流手段以及现代通信手段的提高，这些国家的期货基准价格迅速跃升为全球基准价格。

期货交易发达的国家，在期货交易的规则制定上具有主场优势，在品种质量设置及升贴水规则的制定上自然会考虑到本国的需求。对其他国家而言，由于缺乏主场优势，只能被动接受这些未必合理的规则和基准价格，此时，在进行国际贸易时难免受制于人。

比如，在国际原油市场上，美国的WTI原油与英国的布伦特原油事实上已成为全球的原油基准价。全球石油贸易量的85%都会参照欧美原油期货交易所的价格作为基准价。他们的石油期货标的均为轻质低硫原油，而我国进口的原油中不少是中质含硫油。中质原油也是世界上储量最大的油品。尽管中国是世界第二大原油消费国和第一大原油进口国，但由于在原油定价上没有话语权，在国际上采购原油时也只能参照欧美原油的基准价定价。

据有关专家统计，15年间沙特阿拉伯销往亚洲的原油扣除运费因素后比销往欧洲的原油都要贵1.5~4美元/桶。仅仅“亚洲溢价”这一因素，就使我国进口原油每年要多支出数十亿美元。另外，由于原油价格的溢价，也导致天然气等能源价格全部出现了溢价。

2018年3月26日，上期能源中心开始交易中质含硫油原油期货，因此形成的基准价格可以更真实地反映市场对中质含硫原油的需求情况，有利于尽早摆脱中国石油进口价格不合理的格局。

2000年3月，时任美国财政部长的萨默斯承认：“期货业在美国金融服务的输出中占有很大的比重，更重要的是，在美国经济过去十年成功发展的过程中，期货业发挥了关键作用。”格林斯潘也说过：“美国期货市场促进了美国社会财富的增加，提高了美国的竞争力。”

在经济全球化的背景下，不少发展中国家在积极发展自己的期货市场，其目的不外乎争夺定价权、改善贸易条件和促进本国金融市场的发展。作为世界上最大的发展中国家，我国具有巨大的经济总量和市场总量，在很多品种的生产量及进出口量上，在国际市场上都是名列前茅，我国的期货市场急需与之匹配。经过 20 多年的探索和努力，我国的期货市场已经初具规模，建立一个与我国经济地位相当的高质量的期货市场应该是我国期货市场进一步努力的方向。

附录

中国境内期货市场交易品种一览表①

	上市时间	上市品种	上市交易所	期权上市时间
1	1992 年 5 月 28 日	铝期货	上期所	
2	1993 年 3 月 27 日	天然橡胶期货	上期所	2019 年 1 月 28 日
3	1993 年 3 月 31 日	铜期货	上期所	2018 年 9 月 21 日
4	1993 年 5 月 28 日	普通小麦期货	郑商所	
5	2000 年 7 月 17 日	豆粕期货	大商所	2017 年 3 月 31 日
6	2002 年 3 月 15 日	黄大豆 1 号期货	大商所	
7	2003 年 3 月 28 日	优质强筋小麦期货	郑商所	
8	2004 年 6 月 1 日	棉花期货	郑商所	2019 年 1 月 28 日
9	2004 年 8 月 25 日	燃料油期货	上期所	
10	2004 年 9 月 22 日	玉米期货	大商所	2019 年 1 月 28 日
11	2004 年 12 月 22 日	黄大豆 2 号期货	大商所	
12	2006 年 1 月 6 日	白糖期货	郑商所	2017 年 4 月 19 日
13	2006 年 1 月 9 日	豆油期货	大商所	
14	2006 年 12 月 18 日	精对苯二甲酸期货	郑商所	国际化交易 2019 年 12 月 16 日
15	2007 年 3 月 26 日	锌期货	上期所	
16	2007 年 6 月 8 日	菜籽油期货	郑商所	
17	2007 年 7 月 31 日	线型低密度聚乙烯期货	大商所	
18	2007 年 10 月 29 日	棕榈油期货	大商所	

① 截至 2020 年 1 月。

续表

	上市时间	上市品种	上市交易所	期权上市时间
19	2008 年 1 月 9 日	黄金期货	上期所	2019 年 12 月 20 日
20	2009 年 3 月 27 日	螺纹钢期货	上期所	
21	2009 年 3 月 27 日	线材期货	上期所	
22	2009 年 4 月 20 日	早籼稻期货	郑商所	
23	2009 年 5 月 25 日	聚氯乙烯期货	大商所	
24	2010 年 4 月 16 日	沪深 300 股指期货	中金所	
25	2011 年 3 月 24 日	铅期货	上期所	
26	2011 年 4 月 15 日	焦炭期货	大商所	
27	2011 年 10 月 28 日	甲醇期货	郑商所	2019 年 12 月 16 日
28	2012 年 5 月 10 日	白银期货	上期所	
29	2012 年 12 月 3 日	玻璃期货	郑商所	
30	2012 年 12 月 28 日	菜籽期货	郑商所	
31	2012 年 12 月 28 日	菜籽粕期货	郑商所	2020 年 1 月 16 日
32	2013 年 3 月 22 日	焦煤期货	大商所	
33	2013 年 9 月 6 日	5 年期国债期货	中金所	
34	2013 年 9 月 26 日	动力煤期货	郑商所	
35	2013 年 10 月 9 日	石油沥青期货	上期所	
36	2013 年 10 月 18 日	铁矿石期货	大商所	国际化交易 2019 年 12 月 9 日
37	2013 年 11 月 9 日	鸡蛋期货	大商所	
38	2013 年 11 月 18 日	粳稻期货	郑商所	
39	2013 年 12 月 6 日	胶合板期货	大商所	
40	2013 年 12 月 6 日	纤维板期货	大商所	
41	2014 年 2 月 28 日	聚丙烯期货	大商所	
42	2014 年 3 月 21 日	热轧卷板期货	上期所	
43	2014 年 7 月 8 日	晚籼稻期货	郑商所	

续表

	上市时间	上市品种	上市交易所	期权上市时间
44	2014 年 8 月 8 日	硅铁期货	郑商所	
45	2014 年 8 月 8 日	锰硅期货	郑商所	
46	2014 年 12 月 9 日	玉米淀粉期货	大商所	
47		上证 50ETF 期权	上交所	2015 年 2 月 9 日
48	2015 年 3 月 20 日	10 年期国债期货	中金所	
49	2015 年 3 月 27 日	锡期货	上期所	
50	2015 年 3 月 27 日	镍期货	上期所	
51	2015 年 4 月 16 日	上证 50 股指期货	中金所	
52	2015 年 4 月 16 日	中证 500 股指期货	中金所	
53	2017 年 8 月 18 日	棉纱期货	郑商所	
54	2017 年 12 月 22 日	苹果期货	郑商所	
55	2018 年 3 月 26 日	原油期货	上期能源中心	国际化交易
56	2018 年 8 月 17 日	2 年期国债期货	中金所	
57	2018 年 11 月 27 日	纸浆期货	上期所	
58	2018 年 12 月 10 日	乙二醇期货	大商所	
59	2019 年 4 月 30 日	红枣期货	郑商所	
60	2019 年 8 月 9 日	尿素期货	郑商所	
61	2019 年 8 月 12 日	20 号胶期货	上期能源中心	国际化交易
62	2019 年 8 月 16 日	粳米期货	大商所	
63	2019 年 9 月 25 日	不锈钢期货	上期所	
64	2019 年 9 月 26 日	苯乙烯期货	大商所	
65	2019 年 12 月 6 日	纯碱期货	郑商所	
66		沪深 300ETF 期权	上交所、深交所	2019 年 12 月 23 日
67		沪深 300 股指期权	中金所	2019 年 12 月 23 日

后　记

历经三年多的辛勤工作，《“讲故事　学期货”金融国民教育丛书》终于与读者见面了！

《“讲故事　学期货”金融国民教育丛书》用图书的方式，打造了一套具有标识性的投资者教育产品，在系统、全面介绍期货行业全貌、入市应知应会的基础上布局亮点，力图用通俗易懂的语言、生动有趣的故事案例将期货知识介绍给读者，尽量避免深奥的理论阐述。

本丛书由中国期货业协会期货投资者教育专项基金资助。中国证监会投资者保护局、期货部自始至终关注期货业协会投教基地的建设和投教新产品的推出；协会领导对丛书编写工作给予高度重视和大力支持；王明伟会长多次对编写工作给出指导意见。中国期货业协会投资者教育委员会部分委员参与了丛书评审。中国财政经济出版社负责出版工作。

本书由刘仲元负责主要撰稿任务，韩锦、黄映红等在不同阶段参与了具体撰写工作。

鉴于水平所限，呈现给大家的书稿可能仍未达到期望。在此，我们诚恳地向读者征求意见和建议，以便在以后修订的过程中继续提高。如有错误疏漏之处，敬请读者批评指正。

“讲故事　学期货”金融国民教育丛书编写组

2019 年 12 月